# FRAGMENTOS DE LO QUE AMÉ

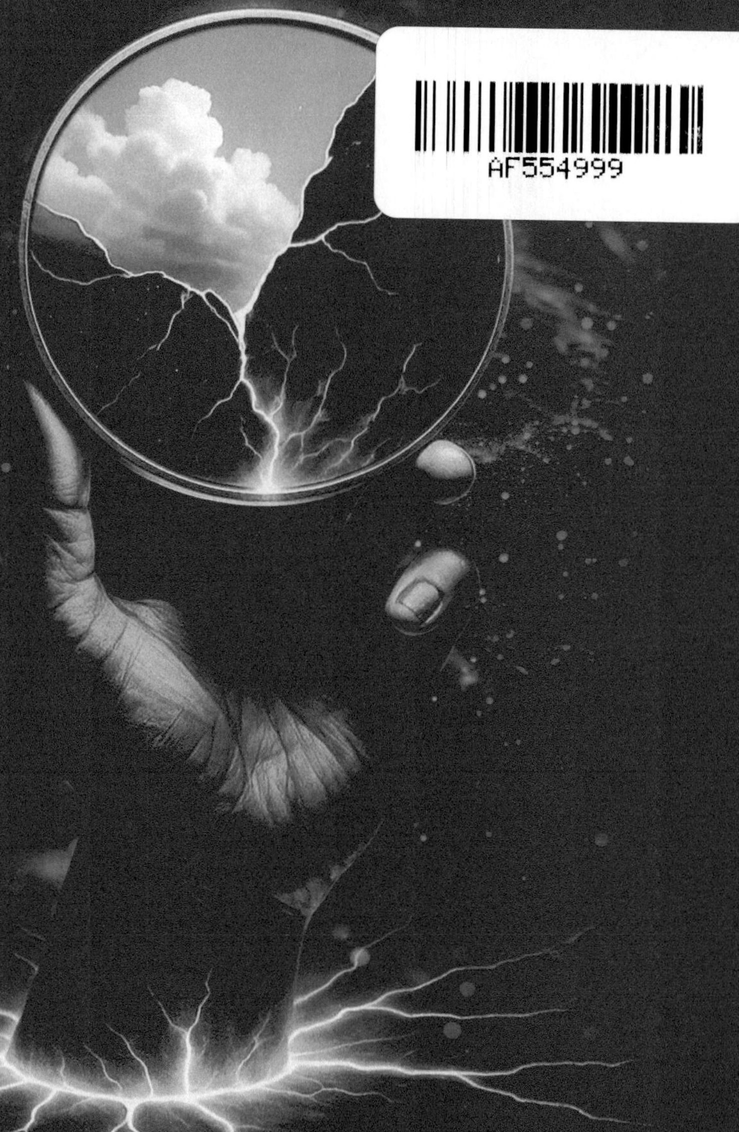



JOSÉ LUIS CUBAS CASTRO

AUTOR
JOSÉ LUIS CUBAS CASTRO

Nació en Honduras, Ciudadano Estadounidense. Poeta errante y filósofo de lo cotidiano, su obra oscila entre el fuego místico y la ironía del desencanto.

"Fragmentos de lo que amé" es su testamentario lírico.

# "FRAGMENTOS DE LO QUE AMÉ"

JOSÉ LUIS CUBAS CASTRO

# FRAGMENTOS DE LO QUE AMÉ

POEMARIO

# JOSÉ LUIS CUBAS CASTRO

Nació en Honduras, Ciudadano Estadounidense. Poeta errante y filósofo de lo cotidiano, su obra oscila entre el fuego místico y la ironía del desencanto.

*"Fragmentos de lo que amé"* es su testamentario lírico.

# AGRADECIMIENTOS

*A mi esposa Sonia, fiel compañera en esta historia.*

*A la gracia divina y a lo invisible.*

*A la vida, por prestarme sus contradicciones.*

*A los que amé y me rompieron: sin ustedes, estos versos no existirían.*

*Al silencio, cómplice de toda creación.* *

# ÍNDICE

## I. LUZ Y ABISMO

POEMAS DE BÚSQUEDA Y CONTRADICCIÓN

# II. AMOR Y CAOS

VERSOS DEL DESEO Y LA PERPLEJIDAD

# III. SOMBRAS Y ESENCIAS

POEMAS DE LA CONSCIENCIA Y EL MIEDO

## IV. CAMINO Y ETERNIDAD

VERSOS DEL SER Y EL DESTINO

# PRÓLOGO

*POR JOSÉ LUIS CUBAS CASTRO*

*"Escribo para atrapar lo que el tiempo se lleva: instantes, preguntas, grietas en el alma. Estos cien poemas son cien puertas, algunas abiertas al cielo, otras sumergidas en el fango de lo humano. No busco respuestas, solo compartir el temblor de buscarlas."*

# I

# “LUZ Y ABISMO”

## POEMAS DE BÚSQUEDA Y CONTRADICCIÓN

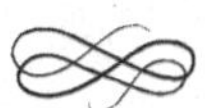

# EL SUPLICIO DE TÁNTALO

En el tártaro sombrío, donde el tiempo no pasa, Tántalo sufre su eterna condena:
agua fresca a la barbilla, fruta dulce en las ramas, pero el destino le niega su cena.

Quiso burlar a los dioses, su sabiduría probar, mató a su hijo, lo sirvió en su mesa.
Los Olímpicos, al ver tal maldad, sin dudar, lo arrojaron al abismo sin recompensa.

**El agua huye de sus labios** cuando intenta beber, **las ramas se alzan** cuando quiere comer. El viento burlón mueve el manjar tentador, y el hambre lo quema como un fuego interior.

Así paga el cruel, el soberbio, el impío, condenado a anhelar lo que nunca tendrá. Su castigo es espejo de su propio vacío:
**tenerlo todo... y no alcanzarlo jamás. **

Por eso hoy su nombre en el eco persiste, como advertencia a los necios y su ambición:
quien juega con lo sagrado, quien traiciona y resiste, vive en su propio infierno...
**eterna sed, eterna hambre, eterna maldición.

# HIJO DE LA MUERTE

Oh Elegido de Pirena, la Vida fue tu
prisión, y la Muerte de una diosa rompió
tu última cadena.

El Creador Uno te hizo de barro,
la Muerte Calibur te talló en piedra: ahora
eres espada, fría y quieta.

No hables, No recuerdes. Solo arde en
silencio, fuego que no quema.

Llevas en el pecho
el hielo de una despedida, pero no mires
atrás:
la memoria es herida.

Sé roca, Sé filo, Sé el eco de un nombre
que el viento ya olvida.

**Hombre de Piedra, Fuego Frío, camina
hacia la eternidad
sin huella, sin historia, solo con la Muerte
como única victoria. **

# EL LÍMITE DEL SABER

Todo lo que ignoras
no vive en tu mundo,
no agita tu tiempo,
no pisa tu suelo.

Tu universo cabe
en el puño abierto,
en el mapa estrecho
de lo ya aprendido.

Pero el corazón, sí claro late,
descubre lo oculto,
lo que no tiene nombre.

Y aunque el cielo sea
inmenso, sin bordes,
tú lo vuelves pequeño:
un punto, un suspiro.

—Un grano de mostaza
bajo la almohada
de tus pensamientos—.

El mundo es infinito,
pero lo habitas a la medida exacta
de tu valentía y saber.

# LLAMADA A LA SEIDAD

¡Fuego que enciende el vacío,
voz que mueve las estrellas,
tu cruz traza el camino
en la noche sin huellas!

Levántate en tu trono de llama,
en el centro del Sol que no apaga,
abre la puerta sin llave,
inunda el silencio de tu palabra.

Corta las sombras con tu luz,
une tu fuego a nuestro barro,
quema el velo de esta carne
hasta dejar sólo tu rastro.

Que caiga como espada tu rayo,
que tu fulgor sea río claro,
que en mis venas despierte
lo que el tiempo apagó.

Hazme arder sin ceniza,
vivo fuego en hueso y sombra,
que en este cuerpo que se olvida
tú seas la luz que lo nombra.

# LUZ Y VELO

Soy azul y oro
bajo la luz de mi Amada,
pero su fuego enrojece mi mirada
y viste mis manos de púrpura y verde.

Hay un velo negro,
pesado, lleno de dolor ajeno,
pero no es mío.
¡Rompedlo!

El dolor es mi siervo,
no mi dueño.
Los reyes siguen siendo reyes,
los siervos, siervos...
Pero a veces, bajo harapos,
se esconde un alma libre.

El rey puede ser un mendigo
que eligió su disfraz.
El pobre verdadero
no tiene dónde esconderse.

—Y tú, ¿qué ropa llevas? —

# VIVIR LA VIDA

El valor de un instante
no se mide en el presente,
sino en el eco que deja
cuando ya es ausente.

Nos bebemos las sombras
de un miedo imaginado,
y luego nos asombra
el dolor fabricado.

Si cada grieta pequeña
hunde tu alegría,
no es la vida pesada,
sino el alma vacía.

La calma no es refugio
en lo externo hallado,
es raíz que florece
en el suelo callado.

Y hablar de lo insignificante,
de lo que no tiene peso,
es quizás el arte más sabio
—el único verdadero—.

Porque la vida no se piensa,
ni se sufre, ni se espera...
la vida se respira,
se deshoja, se vive entera.

# FLUYO Y RESPLANDEZCO

El agua nunca discute con la roca,
solo la besa y serpentea,
la rodea en silencio, la esculpe en el tiempo
y al final... la atraviesa.

Yo aprendí, en el frío invierno,
que, bajo la escarcha y el viento,
arde en mi pecho un sol eterno,
**un verano invencible por dentro. **

Domé torbellinos con mis manos,
domestiqué el fuego de la ira,
y en vez de veranos abrasadores,
sembré jardines de armonía.

En las noches más oscuras,
cuando el miedo quiso ser dueño,
lo tallé en mi propia roca,
y esculpí **mi propio sueño. **

Hoy soy el río que no forcejea,
soy el sol que no se apaga,
soy la tormenta que siembra calma
y la roca que el miedo desgasta.

Porque aprendí que la vida no se vence,
**se fluye, se siembra, se talla...**
y hasta el invierno más crudo
lleva dentro una semilla de aurora.

# EL REGRESO PRÓDIGO

Lejos de casa, el hijo errante,
gastó su luz en sombra vana.
El oro se volvió quebranto,
y el hambre mordió su alma.

Entre cerdos, supo el frío,
la herencia hecha polvo y lodo.
Recordó el pan de su padre,
y emprendió el camino roto.

Todavía estaba lejos
cuando el padre lo miró.
No hubo reproche en sus labios,
solo un abrazo, un perdón.

Vistió su espalda de fiesta,
calzó sus pies de esperanza.
Mató el ternero más gordo,
y en su pecho ya no hay nada.

El hermano mayor grita:
"¡Jamás rompí tu mandato!".
Pero el padre solo escucha
al que volvió arrepentido.

*Hay más alegría en el cielo
por un pecador que se arrepiente,
que por mil justos que no necesitan
de arrepentimiento. *

# NUBE Y TIERRA

Eres nube blanca, dulce y pura,
que en el cielo gris se mece,
absorbiendo el llanto de la altura
para en lluvia convertirse y crecer.

Yo soy tierra, seca y ardiente,
que aguarda tu beso en oración,
para florecer de repente
cuando riegues mi corazón.

Eres tormenta que besa al rayo,
relámpago que enciende mi ser,
y en el trueno de un dulce ensayo
nos fundimos en un nacer.

Soy surco abierto, semilla esperando,
tu agua es vida, tu amor es luz.
Y en este ciclo, danzando,
somos eternos...
**Tierra y Nube, los dos. **

# EL JUICIO DEL ÁNGEL SAMAEL

La Logia Blanca alzó su mano, y a Samael se le entregó la llave del abismo profundo.
Una cadena de fuego ardiente para aprisionar al tirano del infierno.

"¡Yahvé, tu reinado ha terminado!", gritó el Ángel con voz de trueno, "Tu engaño a las almas termina, tu cadena es el justo duelo."

Siete puertas guardan el Avitchi, y en la entrada, la espada brillante que a Luzbel doblegó en la guerra. Una cruz de punzantes espinas le esperaba al cruel señor.

"¡Que pague el que al Ungido hirió!", rugieron los karmas severos, "Que la cruz que él alzó en el Gólgota sea ahora su propio infierno."
Mil años en sombra y lamento, hasta que alumbre una era de luz redentora.

¡Samael, Ángel de la Justicia!, tu espada es la Ley que no olvida, tu luz, el fin de los errores.

Y así se cumplió lo escrito: "El Dragón cayó para siempre, y la Luz reinó por la Eternidad."

Por el advenimiento de la Justicia Cósmica.

# CANSANCIOS Y TRUENOS

Hay cansancios que no se van con el sueño,
surcos en la piel que el tiempo escribió,
cicatrices que no sangran,
pero pesan más que el frío.

No se gana la vida corriendo,
ni la sabiduría acumulando páginas.
El espejo no devuelve belleza,
aunque lo mires con ojos de poeta,
y ningún frasco guarda el brillo
que se pierde entre los años.

La paz no está en el café silencioso,
sino en mantenerse entero
cuando el mundo estalla.
Hay hombres que doman tempestades,
pero se rompen en un adiós,
en una palabra, cortante,
en el vacío que deja
lo que nunca debió irse.

La fuerza no es sostener el trueno,
sino seguir de pie
cuando todo a dentro
ya es ruina.

# RENACER EN EL MAR

Dicen que el río, antes de llegar al mar,
tiembla al mirar atrás,
ve las cumbres, las montañas,
todo lo que fue,
y frente al océano siente que dejará de ser.

Pero nadie vuelve atrás,
el pasado es solo huella,
polvo en el viento.
El futuro te espera, ancho y profundo,
no le temas, es tu renacer.

No tiembles como el río,
no claves tus ojos en lo que fue.
El mar no es el fin,
solo el principio de algo nuevo.
Déjate llevar,
fúndete en su sal,
y en sus olas encuentra
la libertad que no conocías.

Olvida las cumbres,
las alturas quedaron atrás.
Mira el horizonte,
ábrete a su luz,
y conviértete en algo más grande:
en el hombre que el mar espera,
en la ola que nunca muere,
El hombre nuevo.

# EL LIBRO DEL OLVIDO

No temas al que guarda mil libros en su estante, teme
al que tiene uno solo y lo llama *sagrado*.

Si un día me vuelvo recuerdo,
que sea ese que teje silencios en tu almohada,el que
roba un suspiro a media noche
y abraza tu sombra cuando nadie mira.

Si pierdo la memoria,
que seas tú la única palabra que mi boca repita,
el surco donde crezcan mis últimas esperanzas,
la raíz que ate mi nombre a la tierra.

Si desaparezco, búscame en el viento:
allí escribí, con letras de polvo,
todo lo que el tiempo no se atreve a borrar.

Y si olvido tu rostro,
le pediré al silencio
que me devuelva el eco de tu voz,
que me enseñe de nuevo
a morder la luz de tu nombre.

Porque hay amores que no caben en un solo
libro, y hay olvidos que llevan tu aroma escrito
en el alma.

# EL LLAMADO DE LA CUEVA ETERNA

Lahiri, enviado de tierras lejanas,
bajo el sol inglés y el deber mundano,
no sabía que el Himalaya guardaba
un fuego antiguo, un rostro hermano.

En la cueva donde el tiempo se quiebra,
donde el aire vibra con mantra secreto,
Babaji esperaba —espejo y maestro—
con una manta tejida de silencio.

*—¿Recuerdas? * Y Lahiri, extranjero en su propia piel,
miró la tela gastada por siglos de loto...
*—No. * Pero algo en su sangre tembló como un río al
reconocer el olor de lo inmortal.

Entonces las manos de luz lo desdoblaron,
lo alzaron más allá de carne y memoria:
*—Esta es tu casa. Aquí arde tu historia. *
Y la iniciación cayó como un rayo
en el lago dormido de su meditación.

Ahora Lahiri, puente entre Oriente y Occidente, lleva en
los ojos la misma mirada de Babaji —el yogui que no
envejece—. Porque el gurú y el
discípulo son, al final,

**la misma lámpara encendida en la montaña. **

# EL FUEGO DE LA VIRTUD

De **"Vir"** nace la llama,
virilidad que forja al hombre,
fuego en el crisol del sexo,
donde lo divino asoma.

En la **Novena Esfera**,
con ímpetu de trueno,
se deshace lo impuro,
y nace lo sereno.

Cada sombra que muere
—ego, mentira, temor—
deja en su ceniza
una **virtud en flor**.

La Virtud es espada,
es rayo, es luz caída,
la que abre las puertas
de la vida escondida.

Sin ella, los templos
guardan su misterio;
solo el que la lleva
entra al santuario.

**¡Que arda tu fuerza! **
**¡Que el cielo responda! **
La Virtud es el sello
del alma que es **diosa**.

# INVOCACIÓN A LAS LUCES REBELDES

Que los soles de entusiasmo enciendan vuestra sangre,
que cada paso arda con fuego de
antiguas hogueras.

Que los faros de sabiduría en la niebla tejen
constelaciones en vuestro pensamiento.

Que la tierra, madre y cómplice, os entregue
sus frutos sin pediros perdón.

Que el fuego que robó Prometeo, la estrella
que cayó con Lucifer, os junte en su llama y os
nombren eternos.

Que la fuerza universal —viento, lava y trueno
— os lleve donde solo los audaces pisan sin miedo.

Que arda el camino. Que la luz sea vuestra.

# LA LECCIÓN DEL JARRÓN ROTO

Eufronio, temblando entre sus tesoros, preguntó al sabio Diógenes, desnudo: "¿Cómo ríes tú, que nada tienes, mientras yo solo encuentro miedo en todo?"

El sabio alzó una copa rota: "Cada grieta es una nota en la canción de la abundancia.

Cuando el viento se lleve tus velos y el mercado huya de tus templos, verás que lo que llamas 'tuyo' era cadena disfrazada.

Agradece al jarrón quebrado, a la tormenta que te corona. Porque solo está verdaderamente vivo quien puede perderlo todo... y seguir silbando al vacío."

Eufronio miró sus joyas brillantes, y por primera vez, sin querer, las sintió tan pesadas como cadenas.

# EL ESPÍRITU FUEGO

**I. La Madre del Verbo**
Ella viste de luna y manto de mar,
lámpara de aceite en la mano izquierda,
boca en la garganta —útero de verdad—
donde la Palabra nace antes de ser tierra.

Los dioses no labran con manos de barro:
con laringe de trueno siembran universos.
*"Al principio..."* resuena en su vaso sagrado,
y el eco funda cielos con labios inversos.

**II. El Varón de Luz**
Él es cetro de fuego en la noche cósmica,
torre que perfora velos de la nada,
túnica de llamas que teje geometría
—¡piedra filosofal erecta y consagrada!

**III. El Rito del Alba**
(En Teotihuacán, cuando la estrella huye,
los caracoles cantan en brasas de ultraje:
*IN-EN* estalla en polvo rojo, negro, blanco,
semilla de soles en el crisol del lenguaje).

**IV. Epifanía Dual**
El Espíritu es sexo del vacío:
femenino al cantar, masculino al crear.
Una misma columna que arde en el mito —
lámpara y falo, soplo y volcán.

# SINFONÍA DE COLORES

Me gustan los colores, el rojo es refugio: cuando la
tristeza llega, pienso en algodón dulce y el mundo se
vuelve amable.

El amarillo es primavera riéndose con el sol, un
abrazo de luz dorada que pinta el horizonte de
carmesí tierno.

El rojo es pasión viva, latido que despierta, mi alma
baila cumbia en pleno diciembre con faldas de
escarlata.

El verde es renacimiento,
hoja nueva en mi frente: me da claridad para pensar,
para vivir sin prisa, para ser como
el bosque.

El azul es cielo infinito,
espejo donde me pierdo y me encuentro a la
vez—partícula de universo en armonía eterna.

Y cuando los siete dioses tejen el arcoíris,
veo a Dios bailando con pies de algodón y viento,
mientras el mundo canta en
coro multicolor.

# EL POETA CAMINANTE

Poeta, tu alma es libre, pero tu corazón sangra tinta,
llevas equipaje de versos que pesan más que el
ancla.

En tu mochila guardas:
· lágrimas en estrofas,
· risas en metáforas,
· cicatrices que riman con el viento.

Tu pecho es gaveta abierta:
dolor en haiku, alegría en soneto.

Caminas con ojos como espejos
que atrapan el temblor de una mirada,
el suspiro en un café, la canción rota de los invisibles.

Los destilas en alambique verbal,
los mezclas con aurora
y devuelves barcos de papel
—armadas de consuelo—
que navegan hacia otros corazones.

Cada verso es mapa y brújula:
muestra heridas y estrellas
en las grietas.

Epílogo del oficio:
"Llevo el peso ligero de lo eterno:
todas las lágrimas caben en un solo
verso.

# MEDIA LUNA CON YOLANDA

Era el silencio miel derramada,
la brisa, ungüento en la alameda.
Yo llevaba tu risa partida
como fruta de almendra perfecta.

Tu boca, dulce como olvido,
me dio su jugo de media pena,
fue plumaje de cisne que muere en la hierba,
encaje roto en sábana abierta.

Tu voz, bordada de medio trino,
tejió sombras de frases inconclusas.
Tu boca tibia, café añejo
diluido en tardes mustias,
mientras la luna —afilando hachas—
cortaba gestos sobre la tierra.

El silencio fue gruta sumergida,
donde naufragaron nuestros nombres.
Tu boca, media fruta en la niebla,
media verdad que nunca se cuenta.

Besé tus labios dulces, regreso a medio camino,
y cada rama guardó el eco
de un beso que fue medio susurro.

Mientras el viento —ladrón de huellas—
borraba nuestros pasos
bajo la luna del tiempo muerto...

# LA APUESTA DE PASCAL

En el tablero infinito del tal vez,
Pascal alzó su voz y dijo: *Apostad*.
La fe es un riesgo calculado,
un juego donde el alma es el azar.

Si el cielo existe y tú creíste,
ganas la luz que nunca ha de apagarse.
Si Él está y tú lo ignoraste,
la noche eterna habrá de esperarte.

Mas si no hay Dios tras la nebulosa,
¿qué pierdes, alma, por haber creído?
Solo un suspiro, un nombre repetido,
una esperanza dulce, aunque vana.

Y si al final la nada es cierta,
y no hay juicio, ni altar, ni gloria,
¿qué importa el tiempo de esta historia?
Lo mismo da la fe que la duda.

Pero el sabio, con fría osadía,
puso su ficha sobre lo divino:
*Prefiero el brillo de un camino*
*a la oscuridad del vacío. *

—Así razonó el genio, y en su apuesta,
convirtió el miedo en sabia moneda.
Porque ante el abismo, el alma enreda
su esperanza en la mejor oferta.

# RAÍZ

La raíz de todo problema
late dentro, es una mente inquieta,
un nudo de sombras,
un corazón que sangra
bajo el peso de emociones bajas.

Los hábitos torpes del cuerpo,
el instinto que muerde sin freno,
son eslabones de esta cadena
que forjamos sin querer.

¿Por qué luchar contra lo que tiene remedio?
¿Por qué angustiarse por lo que no lo tiene?
No cambia el vuelo de la flecha
una vez lanzada.

La mente no cura el mal
—ella es el mal—.
Hay que buscar más alto,
más hondo: la conciencia que observa
sin juzgar.

Nos enseñaron a pelear,
pero cada batalla nos deja más vacíos.
Solo el silencio deshace los nudos,
solo la quietud los
disuelve.

# EL HOMBRE Y SU BÚSQUEDA INFINITA

El hombre de ciencia escudriña el cielo, rastreando
señales de vida en el vacío, ignorando que la vida
es un vuelo que late en el gusano y en el río.

Quiere conquistar Marte con su mano fría, más
desconoce el mar y su misterio, la profundidad
que en sombras guía secretos más vastos que
el universo entero.

Busca a Dios en lejanas estrellas, ciego a su luz
en el hermano, en el amor que en todo destella,
fuerza que mueve al mundo humano.

El hombre de ciencia y de guerra quiere huir,
dejar este suelo, como si el cáncer de la Tierra
pudiese sanar en otro cielo.

Mientras no vea en una flor, en un saltamontes,
en una hormiga, la vida, sagrada y con valor,
será un enigma que lo intriga.

<<Pero un día, quizás, despierte>>.
cuando el último árbol esté en el suelo,
cuando el aire le queme y el agua no sea fuente,
y entienda, al fin, que el milagro
no estaba en las estrellas,
sino aquí, en cada instante,
en este frágil y eterno destello
que llamamos Tierra.

# DIPNOI

Soy alma atrapada en pez, un suspiro entre escamas y barro, vivo y revivo cuando el tiempo lo exige, como un reloj de lodo y lágrimas.

Me adapto al ritmo de los siglos, me entierro en mí mismo, fantasma silencioso ante el tropel de la vida que avanza.

Duermo en el vientre oscuro del estanque, donde las raíces murmuran secretos. Soy peregrino del fango, arquitecto de mi propia hibernación.

Bebo del agua y del aire, soy un verso olvidado en el poema de la evolución. Huyo, porque soy manjar de dioses, tesoro escondido en el vientre del río.

Soy el hijo que sueña bajo el lodo, el que guarda sus años como perlas. Ansío ser eterno, que mis aletas se alcen como alas.

Quizá un día, mis dedos rompan el agua y pueda calzar sueños, o tal vez termine en tu mesa, último naufragio entre tus dientes.

Hasta entonces, navego entre dos mundos, agua y tierra, sombra y vuelo. El río fluye, la charca se seca, y yo persisto, soñando con pies que nunca llegarán.

Soy el pez que olvida y recuerda, el último testigo de los pantanos, la promesa de un alba que no me pertenece.

# II

# "AMOR Y CAOS"

## VERSOS DEL DESEO Y LA PERPLEJIDAD

# TE CONOZCO

Te conozco en el ritmo de tu respirar,
en el brillo que escondes al caminar.
Sé de tus silencios, de tu forma de amar,
y ese gesto que haces cuando vas a llorar.

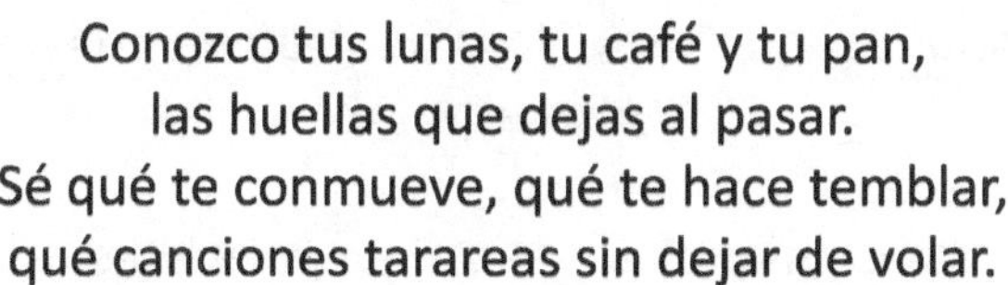

Conozco tus lunas, tu café y tu pan,
las huellas que dejas al pasar.
Sé qué te conmueve, qué te hace temblar,
qué canciones tarareas sin dejar de volar.

Eres bosque y tormenta, raíz y libertad,
tezuda como el invierno, dulce como la miel.
Te conozco en la risa, en el llanto fugaz,
en las grietas que guardas sin querer enseñar.

Sé de tus auroras, de tu abril fugaz,
de las noches que arrastras sin poder olvidar.
Hay días que brillas como un faro en la mar,
y otros en que te pierdes sin querer navegar.

Conozco tus sombras, tu luz y tu cruz,
el fuego que enciendes cuando crees que no hay luz.
Sé cómo te quiebras, cómo vuelves a ser, cómo
guardas secretos que no sabes vencer.

Y aunque lo sé todo—tu risa, tu piel—,
siempre hay un misterio que no logro leer.
Algo que renace, como flor en jardín,
algo que me llama, algo que es solo de ti.

Y así, te conozco... y aun sin entender,
el misterio que eres me sigue a arder en ti.

# EL AMOR PERFECTO

El que busca amor perfecto debe mirar otro cielo,
porque aquí somos fragmentos, costuras rotas
en el tiempo.

El que anhela amor sin grietas debe enfrentar su
reflejo: ¿qué vacío lleva dentro que reclama
otro espejo?

No está en manos ajenas, ni en promesas de otro
suelo, el amor perfecto nace cuando
abonas tu propio suelo.

Si tu interior es desierto, sí es tormenta sin sosiego,
¿cómo esperas que florezca lo que no
siembras primero?

Pero cuando en ti brote luz, cuando seas tierra y
riego, verás amor en el alba, en el vuelo de un
pájaro, En una flor, en el lienzo de una pintura, en
una caricia tierna, en la compañía del
café cada mañana.

Entonces, al dar la vuelta,
entre polvo y entre sueños,
hallarás lo que buscabas:
**el amor perfecto eras tú mismo. **

Ahora mírate en tu espejo y veras brillar tu propia
luz, amor puro de estrellas echo desde el barro con
manos cayozas, en tu propio jardín.

# LA FELICIDAD EN UNA CEBOLLA

En la plaza Ágora, una mañana clara,
los filósofos hablaban de dicha soñada:
uno quiso familia, otra riqueza dorada,
uno anheló el saber, otro, fama esperada.

Y en un rincón, Diógenes, sereno y austero,
mordía una cebolla con gesto sincero.
Alzó su mirada y dijo ligero: *"Mi felicidad es esto
que tengo entre mis dedos."*

Calló la plaza. El sabio se fue sin más palabras,
dejando en el aire una verdad que labra:
buscamos la dicha en lejanas cabañas, mientras nos
brilla en las cosas más extrañas.

Una flor que nace, un verso que alivia,
una moneda humilde, una mano que envía un
abrazo, un *"te quiero"*, un gesto que guía...
¿Acaso no es eso la alegría pura y genuina?

No viene en frascos de oro ni en cuentas
bancarias, no es trofeo ni aplauso, ni metas
diarias.Es luz que se esconde en lo simple y
pequeño, en lo que ya tienes... y a veces
no ves con empeño.

No corras tras ella, no la forces ni nombres,
tal vez, sin saberlo, la llevas en tus hombros.
Como Diógenes sabio, descubre el secreto:

**la felicidad es lo que ya tienes en silencio. **

# LA RECETA QUE NADIE TE DA

Te dicen: "Trabaja hasta el cansancio, madruga, lucha, no pares nunca"... Pero las cicatrices arden, los sueños se vuelven polvo y solo queda el sabor amargo de promesas que no se cumplen.

Otros murmuran: "Descansa, toma el sol, escucha el viento, deja que la vida te lleve como hoja en el río lento".
Tal vez no juntes fortuna, pero tendrás algo más sagrado: el tiempo para vivir.

Porque la vida no se mide en billetes ni en metal frío, sino en cafés compartidos, en risas que no cuestan nada y en silencios que lo dicen todo.

Los verdaderos ingredientes son la calma que te abraza, la paz que no se compra, el amor que no se vende.

No te pierdas las mañanas por perseguir lo que otros llaman "éxito", ¿De qué sirve el oro en tus manos si no tienes tiempo para sentir el sol?

Mejor colecciona amaneceres, aprende los nombres de las flores. Porque al final, cuando todo pase, no te preguntarán cuánto ganaste, sino cuánto viviste.

La única fortuna verdadera es poder mirar al espejo con los ojos llenos de cielo.

# SI HOY FUERA EL ÚLTIMO DÍA

Si hoy fuera el último día, no dejaría que el sol se ocultara sin decirte que eres mi poema, el verso que nunca pude escribir, la rima que perseguí en la noche cuando el miedo calló mi voz.

Si hoy fuera el último día, rompería mis venas no para gritar, sino para sembrar en tu piel cada *"perdón"* que nunca llegó, cada *"te amo"* que se ahogó en el tiempo. Dejaría que mi sangre dibujara no un corazón, sino tu nombre, para que supieras que hasta en la muerte fuiste mi última palabra.

Si hoy fuera el último día, no buscaría el cielo ni la luz, solo arrodillarme en tu sombra y tallar con mis uñas en la tierra toda la culpa que me pesa. Dejaría que la tierra bebiera mis lágrimas, no como un castigo, sino como semillas de lo que pudo ser y nunca fui valiente para construir.

Si hoy fuera el último día, no te daría flores ni promesas, sino el silencio que guardé demasiado, las cartas que quemé por orgullo, los abrazos que negué por miedo. Te entregaría este pecho abierto, no para que vieras cicatrices, sino para que escucharas cómo late todavía tu nombre.

Si hoy fuera el último día, no pediría más tiempo, solo tu mano en mi mejilla un segundo ante del adiós, y que en tus ojos leyera que, al fin, lo entendiste todo.

# POESÍA CAPRICHOSA

A veces la poesía llega como un rayo de pensamientos, sin anunciarse, mojando hasta los rincones olvidados donde solo habitan sombras.

A veces te busco y no te encuentro, rasgo mis huesos, estrujo mi corazón, y solo hallo el eco de mi desvelo, un vacío que repite mi nombre.

A veces todo es gris y sin contorno, solo una cárcel de silencio donde las horas pesan como piedras y el papel se burla, blanco e impasible.

Cuando el corazón arde inspirado, la razón enferma de olvido, como un río que desborda su cauce y arrastra hasta los sueños.

—Caprichosa compañera, ¿por qué juegas así?
Si eres tormenta y calma, ¿cómo aprenderé a vivir
entre tu caos y tu luz?

Quizá la respuesta esté en dejarte ser viento,
fuego o raíz. Aceptar que a veces vuelas
y a veces te escondes, que eres dueña de ritmos
secretos.

Tal vez la poesía no se doméstica, solo se ama en su frenesí, se recibe con las manos abiertas y se suelta cuando pide libertad.

Y así, entre sequías y diluvios, aprendo que no eres mía, sino que yo soy tuyo: un simple testigo
del misterio que cantas.

# EL VUELO DEL ALMA CAUTIVA

Mis miedos me nombran en la noche, voces que
susurran en mi mente, sombras que tejen su
telaraña, y amenazan con romper mi puente.

Soy un ave enjaulada, plumas rotas contra el
acero, mi dueño juega con mi esencia, y ríe
mientras muero.

Marioneta de hilos invisibles, atada a gritos
que no escucho, psicología de cadenas finas,
que me ahogan con su mucho.

Mis miedos son mi cárcel, mis alas, sueños en prisión,
los muros—mis derrotas, el techo—mi
propia oscuridad.

Pero dentro late un fuego, una luz que no se
apaga, semilla de aurora brava, esperando su
tormenta sagrada.

Quiero ser el rayo que me libere, el trueno que rompa
mis cadenas, volar en un cielo sin dueño,
donde el alma, al fin, se sueña.

Libre, sin fronteras ni nombres, universo que
se abraza al viento, todo con el todo fundido,
en éxtasis de infinito aliento.

# TEJÍ TUS ALAS

Te estoy tejiendo alas, y aunque sé que al
terminarlas emprenderás el vuelo, no
temo tu partida.

Puse estrellas en el cielo para que escriban tu
nombre y te guíen en la sombra, faros de
luz eterna.

Hablé con el viento, le pedí que te levantara, que
ahuyentara la tormenta y despejara tu camino.

Dibujé el cielo infinito para que vueles sin
cadenas, sin fronteras ni señales, dueño
absoluto del aire.

Los árboles escucharon, guardan sus frutos más
dulces para ti, que eres su rey, como el león y la
serpiente, que inclinan su fuerza ante tu paso.

No importa qué senda elijas, ni qué horizonte
alcances, siempre regresarás a mí, porque en cada
hilo de tus alas, en cada pluma que te sostiene,
queda mi voz, mi
memoria, el amor que teje eternidades.

**Vuela, pero recuerda: **
las alas que llevas, llevan también mi nombre.

# TORMENTA Y ABRAZO

El día amanece,
el cielo anuncia lluvias,
truenos y relámpagos traen agua,
gotas caen sobre nuestro techo
como tropel de caballos en marcha.

Adentro, el silencio se quiebra
con respiraciones y afectos,
nuestra cama, cápsula viajera,
navega entre sombras y secretos.

Afuera, croan las ranas,
los pájaros lanzan su trino,
la lluvia golpea la tierra
como piedras en un camino.

Nosotros, en nuestro refugio mutuo,
aguardamos que pase el temporal,
mientras el café espera su turno,
promesa de algo cálido y vital.

Tras la lluvia, el aire renace,
huele a tierra fresca y a calma,
y aunque el cielo ya se serena,
guardamos la tormenta en el alma.

# DIOS: LO QUÉ VE

Dios habla con todos,
pero pocos escuchan.

No mira al que repite versículos sin alma, ni al que lleva su nombre en vano, como amuleto contra la noche.

Dios no se fija en el que se persigna al pasar, sino en el corazón quebrantado, sincero como el llanto de un niño, puro como el pan recién horneado.

A Él no le importa el justo de mirada altiva, sino el pecador, el que yace en el polvo: la prostituta que aún cree en el amor, el leproso que extiende sus manos, el estafador que anhela perdón.

No se impresiona con trajes de lino, ni limosinas brillantes, ni relojes que miden vanidad. Tampoco le conmueven las poses piadosas, las miradas santas que esconden hiel, las letanías huecas que suenan a metal.

Él busca al que ni siquiera lo nombra, al que no conoce sus leyes, pero en sus ojos guarda una aurora, en sus manos, semillas de un mundo nuevo.

Porque Dios no mira las apariencias, sino el fuego callado que arde en el pecho, la luz que nace en las grietas, el amor que no necesita palabras para ser verdadero las cicatrices en las manos, el alma que sangra de sufrimientos, pero anhela un cielo nuevo.

# LA LEY Y EL RAYO NUEVO

Fieles guardianes de la Ley antigua, del Testamento y la
palabra escrita, los fariseos tejieron normas rígidas para
guardar la pureza infinita.

Pero surgió Jesús, voz reformadora, con un
nuevo amor, un Dios distinto:no piedra tallada,
sino aurora, no temor, sino un fuego vivo.

Y entonces vino el choque, la espada, la
conspiración tras el velo sagrado: Nicodemo, Arimatea,
Saulo...almas quebrantadas por el rayo divino
del Hijo amado.

Vida sencilla, sin ataduras viejas, fe sin murallas de
rituales fríos, mientras el Sanedrín, entre sombras,
acecha con sus juicios, sus redes, sus ríos.

Hasta que el Gólgota clavó su historia: la cruz, el grito,
la sangre en la tierra. Los fariseos compraron la
memoria, escribieron su triunfo... pero no cierra.

Porque, aunque mataron al Hijo del Hombre, nació una
verdad que no pudieron sellar: lo que llamaban santo
era sólo nombre, y Dios hablaba en quien
quiso escuchar.

Hoy, como ayer, la lucha no ha muerto: en cada pecho
hay un fariseo y un Cristo, uno que juzga con celo
despierto, otro que abraza lo que el amor
ha visto.

Dios sigue hablando... ¿Quién presta oído?
¿Quién repite dogmas, quién rompe el muro?
La ley se hizo carne, el verbo ha venido,
y el rayo aún quema en lo más oscuro.

# EL ARTE DE AMAR:
## (según Erich Fromm)

El amor no es quietud, ni dulce sueño,
es arte que se esculpe con las manos,
como el pan que se amasa, como el verso
que nace del silencio y el trabajo.

No es refugio, ni huida, ni descanso,
sino un desafío que nos nombra:
dos que crecen, que dan sin medida,
dos que se hacen uno sin perder su sombra.

Amar es responder, no con palabras,
sino con los ojos abiertos al misterio:
"Te conozco, te cuido, estoy aquí",
aun cuando callas, aun cuando yerras.

Dar no es perder, es ser más grande,
es romper la jaula del miedo antiguo,
es sentir que en tus manos late
el mismo pulmón que infla mi grito.

Pero ¡cuidado! No todo es luz:
hay quien ama con garfios, con hambre,
pegado al otro como un náufrago
o ahogándolo en nombre del aire.

El amor verdadero no es espejo,
ni clavo ardiendo al que asirse,
sí raíz que abraza sin posesión,
dos que se eligen... y vuelven a elegirse.

# ECOS DE TI

No te toco, te leo en versos,
en cada línea que trazo, tu nombre se repite.
No te miro, te invento en el espejo, donde tu rostro
es un sueño que nunca se desviste.

No te escucho, te canto en silencio,
porque tu voz es el eco de mi propio susurro.
No te deseo, ya vives en mi pecho, como una sombra
cálida, como un fuego escondido.

No te llamo, eres el ritmo del viento,
la caricia invisible que mueve mis hojas secas.
No me pides consejos, porque eres la respuesta
antes de la pregunta.

No te admiro, eres completa, como el mar que no
necesita de mis elogios. No te respiro, eres mi
aliento, el aire que me ahoga y me salva
al mismo tiempo.

Te desnudo sin manos,
porque tu piel no es límite, solo es el principio.
Tu esencia es el traje perfecto,
el que no se quita ni con el tiempo ni
con la distancia.

No te pienso, porque eres el pensamiento que nace
sin permiso,la palabra que se forma en mis labios
antes de que yo decida hablar.

Y aunque no estés, no hay vacío donde habitas.
Eres el hueco y lo que lo llena, la ausencia que duele
y la presencia que nunca se va.

# LA LIBERTAD

Gritas "¡Libertad!" y es solo un eco,
bandera manchada de siglos de guerra,
palabra gastada como moneda falsa
que todos repiten, pero nadie sostiene.

Huyes de cadenas que no logras ver,
prisionero invisible de tu propia piel,
buscando en calles lo que llevas dentro,
esclavo de un amo que se llama *yo mismo*.

No es tierra prometida ni ley escrita,
no es espada brillante ni bandera erguida,
es el silencio que queda cuando cae el último muro,
cuando hasta el deseo se vuelve polvo.

Quémate entero sin dejar memoria,
como leña que al arder se convierte en historia, en
nada que pese, en nadie que nombre, en espacio
vacío donde cabe el mundo.

Libre es quien nada tiene que perder,
ni patria, ni dios, ni siquiera un *yo* que defender,
quien mira sus grillos y reconoce el truco: las
cadenas más fuertes son las que no se ven.

Y al final, cuando todo haya ardido,
cuando ni el humo quede como testigo,
quizá entonces -solo quizá- entenderás por fin
lo que era la libertad.

# BAJO EL MANTO DEL MIEDO

El polluelo huye al ala,
el niño al regazo acude,
y el hombre, preso de espanto,
en armas su paz concluye.

La gallina da abrigo,
la madre calma el temblor,
pero el mundo, en su agonía,
teje redes de terror.

El cobarde empuña acero,
el débil traiciona y huye,
la nación compra metralla,
y el amor en celos muere.

Gritos de guerra y tortura,
fronteras que encierran muros,
son sombras de un mismo engaño:
**seguridad sin futuro. ** miedo.

Maestro, enseña al que crece
a no temer la caída,
que el valor no es pistola o fuga,
sino **mirar de frente a la vida. **

*(El miedo es la jaula,
la seguridad, su llave falsa;
solo el que vive sin temor
no necesita guardar alas.) *

# CONCIENCIA

Conciencia maravillosa, luz que se enciende y se apaga, eres como el agua que resbala, gota a gota entre mis manos.

Si trato de aprisionarte, te esfumas como niebla al alba, y solo queda el vacío entre mis dedos sedientos. Abro las palmas, y ya no estás...solo tu aroma, eco de felicidad, como el perfume de un jardín después de la lluvia.

Pero cuando es tu voluntad, cuando bajas sin que te llame, me dejas creer que eres mía. Entonces mi alma salta, como un río desbordado, mi pecho inhala vida, y en el silencio que habla, soy el mendigo que encuentra monedas de luz en el suelo del asombro.

Aprendo que no eres capricho, sino libertad pura: como el rayo que anúnciala tormenta y se desvanece, como el viento que mueve las hojas sin pedir permiso. Fenómeno indomable, milagro que se revela y luego se pierde, como el rocío en la mañana.

Conciencia, no te domestican las palabras, ni te atrapan los versos, eres el latido que nadie posee. Y cuando logro sentirte, sé que soy, y que todo es posible, hasta volar sin alas, hasta callar
y entenderlo todo.

# MIS TRES ENIGMAS

¿Quién soy?
¿De dónde vengo?
¿Por qué vine?

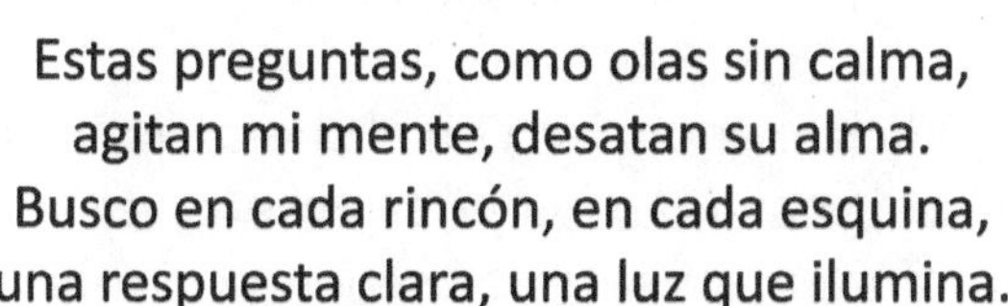

Estas preguntas, como olas sin calma,
agitan mi mente, desatan su alma.
Busco en cada rincón, en cada esquina,
una respuesta clara, una luz que ilumina.

Observo el mundo, intento entender,
razones que logren mi sed saciar.
Pero solo encuentro ecos vacíos,
sombras de verdades, viejos estribillos.

Me hundo en silencio, en meditación,
leo en los libros de antigua sabiduría,
y aunque hallo fragmentos, trozos de verdad,
siento que son solo letras, no vida vivida.

Necesito arder, sentir el fuego,
tocar la ceniza, saborear el riesgo.
No quiero teorías, no quiero prestado,
quiero mi verdad, mi propio hallazgo.

Seguiré cavando, escarbando en mi tierra,
hasta llegar al centro, a mi mina secreta.
Allí, en las profundidades de mi propio ser,
encontraré el tesoro... o al menos, el saber.

# VISTIENDO A DIOS

Los cristianos lo visten de lino blanco, un hombre de paz, sereno y amoroso, que camina entre trigales y oraciones, con las manos abiertas, sin más armas que el perdón.

Los judíos lo anuncian con el shofar, talit, kipá y sandalias de caminar, mientras enseña, en voz baja y profunda, los secretos senderos donde la Torá resuena.

Los budistas lo envuelven en habito anaranjado, en silencio, en montañas, en templos apartados, buscando dentro, más allá del nombre, la esencia que late cuando el mundo se esconde.

Cada pueblo le da su propia forma, su tela, su color, su voz que transforma. Y tú, ¿cómo lo vistes? ¿Con qué ropas lo sueñas? ¿Es llama, es aire, es raíz o es tierra? Espinosa lo vistió de bosque y río, de cielo estrellado, de eterno frío, de todo lo que nace, late y muere, porque Dios, para él, era la misma materia y la naturaleza.

En las tribus ardía en danzas de fuego, con plumas de quetzal, descalzo y luego, con sandalias de barro, cantando al viento, mientras la noche tejía su misterio.

¿Acaso no es Él el mismo en todas partes?
¿O somos nosotros, con nuestros trajes,
los que intentamos, con ruegos y empeño,
vestir lo eterno... a nuestro propio sueño?

# EL DESTINO

Claro que creo en el destino,
él lo transforma todo,
es justicia y es misericordia,
la medida exacta del mundo.

Te premia con luz en las manos,
te castiga con sombra en el pecho,
te acerca a la risa o al llanto,
te trae el amor... o el infierno.

Es la esperanza del pobre,
que en él cifra su anhelo,
el sueño de la joven
que aguarda su príncipe azul,
la fe del comerciante
que pide prosperidad al cielo.

Dios invisible, silencioso,
que gira bajo el reloj del tiempo,
viaja en el sol y se oculta en la luna,
llega en el río o en las tempestades,
y escribe, sin prisa,
todas nuestras verdades.

**Epílogo: **
*"El destino no pide permiso...
solo escribe su nombre en tu camino."*

# HOJAS QUE SUSURRAN

Somos un millón de hojas verdes,
guardianas del árbol que nos viste,
lo cubrimos del sol inclemente,
de la lluvia... y hasta de los depredadores.

Somos cómplices de secretos:
los pájaros nos cuentan sus amores,
como aquel que ama a una princesa
y teme no ser digno de su vuelo.

Otras veces, es la ardilla quien llora
entre nuestras ramas: —*Tres bocas
hambrientas tengo...*
*Y el invierno se acerca. *
*(Una serpiente se llevó al padre, *
*y ahora cargo el nido sola). *

Somos confesionario verde donde serpientes,
gusanos y alados nos susurran sus historias.
Pero yo también tengo una...

Hoy cumplo dieciocho primaveras, me compré una
minifalda azul que ondea con el viento.
Hay un chico-hoja en la rama alta que quiero
mirar... y que me mire.

Sueño con ser árbol algún día, tener raíces y dar
frutos. Aunque ahora sea una más entre un millón,
no dejo de creer que el destino
—como al pájaro y a la ardilla—
también escuchará mi voz.

# AMOR A MIL GRADOS

El amor que no ha cruzado el fuego,
que no ha mordido el filo de la espada, no es amor,
es solo reflejo, como oro que nunca fue fundido en
la fragua.

El amor de palabras dulces,
de promesas sin cicatrices,
se quema al primer viento,
como hojas secas en el incendio.

Pero el que ha sangrado en silencio,
el que ha luchado entre las llamas,
ese resiste los huracanes,
ese no se rompe, se hace diamante.
No busques cuentos de hadas,
ni príncipes de armadura falsa.
El verdadero amor tiene heridas,
tiene historias grabadas en la piel.

Es el que mira y reconoce las batallas en tus ojos, el
que alza contigo la misma bandera y empuña la
misma espada.

Porque el amor a mil grados no se apaga, no se
rinde: arde, cicatriza, y vuelve a nacer.

**Y al final, cuando todo haya ardido, solo quedará
lo indestructible: dos almas forjadas
en el mismo fuego, eternas en su llama
invencible. **

# EL DIOS DE LAS CINCO VÍAS

Todo lo que se mueve fue movido, pero hubo un Primer Motor en el principio, inmóvil, eterno, siempre encendido, Dios es el fuego que ningún viento apaga.

Nada es causa de sí mismo, todo efecto reclama su origen, más Él es la raíz del abismo, la Causa sin causa, el fin sin fin.

Somos tal vez, podríamos no ser, frágiles luces en noche sin dueño, pero Él es el mar del amanecer, el Ser necesario, el eterno sueño.

Vemos grados de luz, de amor, de verdad, sombras de algo más alto y completo, Dios es la cumbre de toda bondad, el Sol que proyecta nuestro concepto.

El orden del mundo, la abeja y su panal, las estrellas que giran en preciso compás, hablan de una Mente, un Arte celestial, Dios es el verso que el cosmos leerá.

Cinco caminos, Santo Tomás de Aquino, cinco huellas que parten del mundo y llegan al cielo. La razón también es escalera hacia Ella, porque la verdad no teme al intelecto.

# LA RAZÓN SIN RAZÓN

La mayoría tiene razón,
eso dicen, eso parece.
Si todos juran que el muro es verde
aunque arda en rojo, así será.

El río corre hacia atrás,
mira cómo lo afirman,
¿por qué nadar contracorriente
si el mundo grita su verdad?

Ser rebelde con causa
en un mar de locura sin razón
es querer domar la tormenta
con sólo un puñado de arena.

Mejor escuchar al viejo sabio:
«Deja que la mayoría gane,
no gastes tu voz en el vacío.
¿Acaso el sol se apaga
sólo porque mil ciegos lo ordenan?».

El rebelde, el soñador,
vive en un rincón del mundo,
pequeño, callado, de pocos.
No discute, solo sabe.

Ten cuidado cuando todos repitan el mismo eco: la razón sin razón siempre la tiene la mayoría. ** pero el fuego que no se ve, también quema en la oscuridad **.

# LA RAÍZ DEL MIEDO

Nacemos libres, con la inocencia clara, la vida en su centro ignora la sombra.

Cuando el intelecto despierta y juzga, lo bueno y lo malo abren la puerta, y el miedo trepa como enredadera, multiplicando su sombra en la tierra.

El niño juega con la serpiente ardiente, sin ver el veneno, solo el misterio. Su inocencia es valor, es lumbre pura, la esencia intacta de la vida dura.

El miedo es veneno, lento y amargo,
un ancla oscura que frena el vuelo.
¿Quién nos robó la piel de guerreros
y nos dejó este frío en los huesos?

Más si rompemos las cadenas del tiempo, la serpiente y el niño serán lo mismo.
Y surgirá el valor auténtico de la vida como un espejo que se reconoce a sí mismo,
lumbre pura.

# EL CAMINANTE Y SU VERDAD

Descalzo vas, por senderos de espinas, la sed del
alma en los labios quemada, mientras la sombra de
falsas doctrinas te ofrece un manto de
mentira helada.

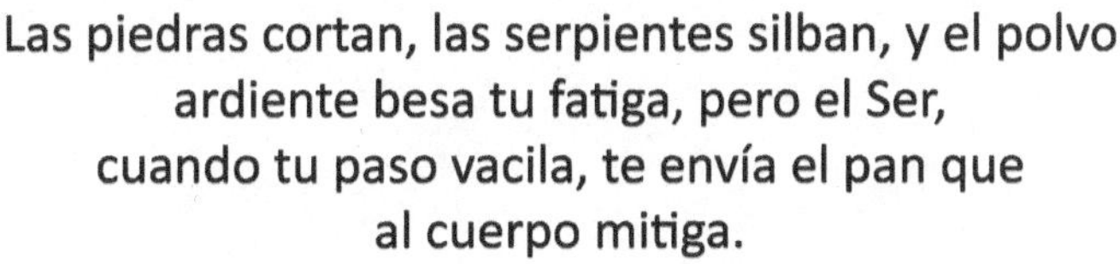

Las piedras cortan, las serpientes silban, y el polvo
ardiente besa tu fatiga, pero el Ser,
cuando tu paso vacila, te envía el pan que
al cuerpo mitiga.

Cuidado, oh peregrino de la esencia,
con los Judas de voz melosa y clara: té
venderán, por monedas, la esencia, y Evas
te darán fruta envenenada.

Los falsos sabios, de túnica blanca, escriben leyes
con tinta de engaño, y el oro que Yahvé en tus
manos arroja es polvo que se vuelve castigo.

Si caes, levántate, reconoce el abismo, aprende a
distinguir la luz del fango. Solo al final, cuando el
juicio te juzgue, sabrás si fuiste lobo... o cordero
santo. Mas si al mirar atrás, tu alma es limpia, la
muerte será un paso... y no el final.

# III

# "SOMBRAS Y ESENCIAS"

## POEMAS DE LA CONSCIENCIA Y EL MIEDO

# HEDONISMO

El placer es la brújula,
el goce, la razón,
un verso en cada copa,
un beso en cada voz.

La piel, altar sagrado,
el vino, devoción,
el tiempo, un dulce instante
sin culpa ni perdón.

No hay dios más que el deseo,
ni ley más que el ardor,
la vida es un festín breve...
¡Que arda hasta el último sabor!

Que el tacto sea poema,
y el alma, libre flor,
que la noche nos lleve
donde nace el temblor.

Bailen sombras y llamas,
carne, miel y sudor,
que en este eterno ahora
no exista el dolor.

# LA RIQUEZA DEL ALMA

Hay riquezas que corren,
como el agua entre los dedos,
monedas que se esfuman,
sueños fríos y acero.

Otras van despacio,
sin prisa, sin dueño,
son atardeceres que besan la piel,
silencios, eternos.

No caben en bolsillos,
ni en cajas de banco,
son versos que cantan,
cafés compartidos,
el mar que respira
contra el mismo barco.

¿De qué sirve el oro
si el alma está vacía?
¿Qué valen palacios
si el tiempo se olvida?

Al final del camino
—cuenta el viento—
solo llevas lo vivido,
lo que ardió en tu pecho,
lo que amaste sin miedo.
El resto... es polvo, espejismo, eco.
El oro es sombra... Tu luz, el cielo.
Todo lo demás...
se lo lleva el tiempo.

# UN NUEVO DÍA

El amanecer despliega su manto,
un lienzo nuevo para pintar sueños,
Dios nos lo entrega sin preguntar,
como semilla que espera el suelo.

Hay días de sol y días de lluvia,
los buenos, son jardines en la memoria;
los oscuros, raíces que profundizan,
lecciones talladas en nuestra historia.

No guardes el amor para mañana,
no ates risas en frascos de "después",
hoy late el milagro: tu hijo que habla,
el café que aroma el atardecer.

Una voz desconocida y desconsolada que pide
consejo, el pan compartido en la mesa caliente sin
prisa, Dios murmura en lo simple y pequeño:
*"Vive este instante... solo existe el presente."*

¿Oyes el aire que besa tu cara?
¿Ves la luz que filtra el cristal?
¿Escuchas el trino de los pájaros en tu venta?
Es la filosofía de lo que se escapa,
del segundo frágil, eterno y mortal.

Porque la vida no es contar los pasos y los pesos...
sino sentir la tierra al andar.
Amanece... y tal vez sea el último abrazo:
**¡Vívelo sin miedo, disfrútalo talvez sea
el final! **.

# RAMONCHO

Entre la gente camina, con el corazón en la mano,
Ramoncho, alma buena, siempre tierno
y siempre humano.

**Da dinero sin mirar** a quién le tiende su ayuda,
no pregunta, no recuerda, solo alivia
las penas mudas.

**Donador de sangre pura**, en sus venas corre
vida, y con nobleza segura salva al que
en dolor se anida.

**Pan reparte en el camino**, abrigo al que tiene
frío, no le importa el desatino,
solo alivia el vacío.

**Sus consejos son luz clara**, palabras que sanan
heridas, quien lo escucha no se para,
sigue andando con la vida.

**Amor reparte en demasía**, sin medida, sin
reproche, porque en su alma arde el día de quien
todo lo da... por noche.

¡Oh, Ramoncho, bondad pura!, ejemplo de entrega
entera, el mundo necesita altura de almas como la
tuya... sincera.

Que tu nombre no se olvide, que tu ejemplo nunca
muera, pues en un mundo tan frío,
¡tu calor es primavera!

# EL PUNTO DE APOYO INTERIOR

Arquímedes soñó con mover el mundo, pidió una
palanca, un fulcro en el vacío. La ciencia le entregó
su frío metal, y el hombre alzó
montañas con su brío.

Los justos clamaron al cielo su dolor, pidiendo un
punto de luz, un redentor. Dios les envió a su Hijo,
amor en cruz, y el mundo, ciego, apagó
su fulgor.

Hoy la humanidad busca su sostén, en el oro que
sangra, en el poder que hiela, en la guerra que ruge
con siete voces, devorando esperanzas con
su fiera dentera.

No vendrá del norte ni del sur la salvación, ni del
este ni del oeste la respuesta. El punto de apoyo no
está en el viento, sino en el alma que
despierta y vuela.

Cuando el hombre encuentre en su interior el eje
que balancea el universo entero, será Cristo otra vez,
pero ahora vivo, no clavado en madero, sino en luz
de misterio.

No solo alzará al hombre de su lodo, moverá el
mundo, las estrellas, el tiempo.

Será el nuevo Adán, la tierra prometida, y en su
pecho arderá el amor como un incendio.

# PERCEPCIÓN Y CONCIENCIA

*(Según Merleau-Ponty) *

El espejo y la Danza,
El niño frente al cristal preguntó:
*"¿Por qué no me reconozco
si este soy yo?"*

Y el filósofo le habló de cuando era pequeño, cuando sus manos eran solo luces, sus pies, extraños caminos, y el "yo" aún no tenía nombre.

*"El espejo te devuelve lo que la luz dibuja, una sombra quieta, un cuerpo que no siente.
Pero tú no eres solo forma, eres el miedo que te hiela, el amor que te incendia, el aire que te llena cuando ríes con los otros."*

Desde entonces el niño supo que la conciencia no es retrato, sino un baile sin descanso: lo que toca, lo que piensa, el mundo que lo envuelve y la vida que lo inventa.

Y así, cada mañana, al mirarse en el agua o en el espejo, no buscó más su rostro, sino la huella cálida de su existir en el abrazo, en el llanto,
en el vuelo compartido y en su suspiro.

# BUSCAR CERTEZAS

Buscar certezas es de humano,
más vivir como si ya las tuvieras
es negar el misterio del camino,
es perder el bosque por una hoja seca.

El conocimiento no es dueño de respuestas, sino de
preguntas que nunca se agotan.
Si te aferras a una sola verdad,
¿qué espacio queda para lo desconocido?

La mente es como una taza llena:
si no la vacías, nada nuevo cabe.
Pero si permanece abierta y ligera,
recibe el mundo, lo transforma, lo sabe.

No es sabio quien acumula certezas,
sino quien duda y vuelve a preguntar.
Porque en la duda no hay debilidad,
sino profundidad para crear.

Buscar certezas es andar, pero sabiendo que el
camino —como el río— nunca es el mismo, y que la
verdad es un destello, no un final.

**"Y la única certeza es seguir buscando."**

# PUREZA INTERIOR

La pureza interior tiene tres senderos:
en pensamientos, en palabras, en obras.
Son los cimientos donde el alma reposa,
el faro que alumbra nuestros senderos.

La mente es un odre, guardián silente,
que atesora ideas como semillas.
Con disciplina, doma y firme rienda,
brotarán nobles, claras como el día.

Nuestro verbo es vientre, cálido y hondo, donde la
palabra nace y se hace canto. Si la mente es luz, el
labio es un río, que fluye en música, dulce
y sin quebranto.

Y nuestras obras, justas y serenas,
serán pan partido, mano extendida,
espiga dorada que el viento ordena,
amor que siembra luz en cada herida.

Domados estos tres, seremos ejemplo,
no por santidad, sino por obra pura: el cielo se
abraza con lo sencillo, y en lo humilde brilla
su blancura.

*"Pureza es el reflejo de lo eterno en un alma que
anida al universo tierno."*

# VER CON LOS OJOS DEL ALMA

Los ojos ven lo que el corazón guarda, miradas que
son espejos del alma.

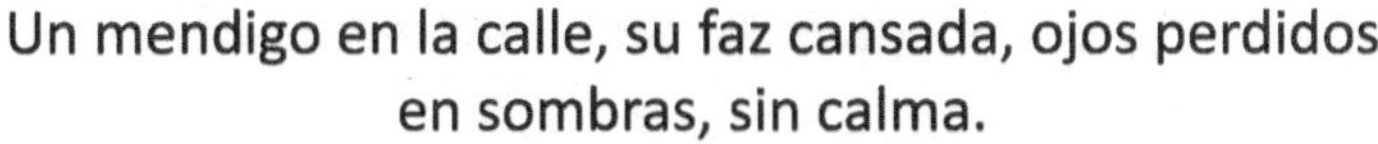

Un mendigo en la calle, su faz cansada, ojos perdidos
en sombras, sin calma.
Lleva en ellos dudas, cicatrices, miedos, huellas de un
viaje sin puerto ni remo.

Un turista pasa, curioso, ligero, mira arriba, abajo,
todo lo mide entero.
"Esto me gusta, aquello no tanto", sin ver al mendigo,
sin sentir su quebranto.

Entre la multitud, invisible, olvidado, solo un anciano
lo ha reparado.
Sus ojos ya no ven, más su corazón lee en el mendigo
una extraña canción.

*—¿Qué ves en él? —le pregunto en voz baja.
—No lo miro con ojos... el alma trabaja.
Veo su luz, sus sueños, su anhelo, la pureza que
esconde bajo ese hielo. *

El corazón nublado por ira o deseo oscurece el
mundo, lo vuelve feo.
Mas si en él hay amor, nobleza, bondad, la luz se
revela en cada verdad. Porque los ojos solo son
ventanas del corazón... y sus mañanas.

**"Quien mira con el alma, nunca está ciego."**.

# LAS DOS MESAS

En una mesa de madera gastada,
el pan partido es fiesta compartida.
Agua que sabe a cielo en vaso roto,
y una plegaria humilde, sin medida.

En la otra, el mármol luce frío
bajo copas de oro y vino caro.
Se venden islas, aviones, sueños vacíos,
risas sin alma, festín amargo.
Cristo lo dijo: entre hilos y agujas,
más fácil pasa el camello que el rico.
La opulencia olvida, el poder oscurece,
Dios no vive en palacios... vive en el trigo.

*Mas el pobre que ama, aunque nada posea, *
*guarda el reino entero en su sencillez, *
*y el rico que olvida, con toda su hacienda, *
*no lleva en el alma más que una vejez. *

No hacen falta manteles ni tesoros
para agradecer la luz de un nuevo día.
Basta el pan sencillo, las manos abiertas:
**allí donde hay amor, allí está la alegría. **

# MI LÁPIDA

Aquí yace un cuerpo que respiró por su musa,
y exhaló por sus poros la luz de su Mona Lisa.
Caminó la senda de Saulo, pero al revés,
amado por pocos, odiado por otros diez mil.

Escribí mi historia con sabor a tierra mojada,
con manos callosas, cicatrices que no sanan,
heridas que traspasan carne y alma,
marcas de un viaje sin mapa ni calma.

No quiero volver, fue amarga la experiencia,
una noche eterna de pesadilla y paciencia.
Si el karma se paga con llanto y dolor,
entonces tengo un tesoro cósmico guardado.

Pido clemencia, como cualquier reo,
pues mis acusadores juzgan sin deseo.
Que sea lo que el destino decida,
vivir es pagar, esa es la herida.

EPÍLOGO.
Y si acaso la losa se abre al viento,
y mi nombre lo borra el tiempo lento,
que digan sólo:
"Aquí descansa un hombre que amó, sangró y
escribió su nombre."

No pido flores ni llanto en vano, sólo que el eco
guarde mi humano intento de ser luz en la grieta. El
karma cumplió, la deuda está saldada,
pero queda la tinta de esta historia:
mi grito tallado en la memoria.

# SOMBRA DE LA TRAICIÓN

En el filo del tiempo, su nombre gravita, entre el
hierro cobarde y la espada erguida.
¿Fue traición la puñalada cierta,
o fue libertad la herida abierta?

Cayeron los hombres, la historia juzgó, su sangre en
los idus se mezcló. Roma gritó, el tirano cayó, pero el
puñal, ¿acaso salvó?

Bruto, tu nombre es eco de engaño,
Perverso en el fuego, en el verso y el daño.
Mas otros te nombran con voz de loor:
"¡Murió por la patria, murió por el honor!".

¿Dónde está la línea, ¿la fina verdad?
¿Fue virtud tu crimen o fue liviandad?
La historia no absuelve, tampoco condena, solo
guarda el peso de tu espada ajena.

Y así en cada era, tu sombra debate,
si el fin justifica la sangre derramada.
¿Fue Roma más libre tras tu oscuro afán, o solo más
grande el dolor que dejas?

Bruto, enigma eterno, nadie te responde:
¿traidor de laureles o héroe sin bronce?
¿Qué fuiste? ¡Juzgue usted!

# MIS DOS SOYES

Nací en el sur de la América, en tierra de valles y
montañas, hablo quiché, maya, chortí y guaraní.
Mis vestidos: hojas de maíz cubren mi intimidad,
plumas de quetzales y guaras adornan mi cabeza.
Huaraches calzan mis pies, soy un galán en mi tierra,
un pavo real que expresa
belleza y virtud.

Ahora vivo en la tierra de las barras y las
estrellas, del águila y el crisol. Visto camisas Gucci,
pantalones Levi's 501, zapatos Nike.

Llevo en mi cintura un iPhone último modelo, y en
las redes me llaman *Joe*. Me pinté el
cabello de rubio, hablo entre quiché e inglés, una
mezcla que suena a spanglish.

Aprendí el porte del águila, camino con el mentón
alto, pecho erguido...
¿Orgullo? ¿Vanidad? ¿Imitación?.

Soy de allá del sur y soy de acá del norte,
soy mis dos soyes.
Uno, el que se mira al espejo y recuerda sus raíces;
el otro, el que viste al salir a la calle.
Un híbrido de culturas, una fusión de águila
y quetzal.

# EL PAYASO Y EL ESPEJO

(Según Søren Kierkegaard)

Vivo hacia adelante, pero solo entiendo al volver la mirada, como el payaso que, tras la risa, descubre el eco de su propia angustia.

¿Por qué actúas?, me pregunto.
¿Es costumbre, es miedo, es huida?
La máscara brillante se resbala
y bajo el maquillaje late el vacío.

Pero no temo.
La angustia es el precio del sentido,
el vértigo de saberme libre,
dueño —y esclavo— de cada paso.

El circo sigue.
Yo elijo si aplaudir,
si llorar entre las luces,
o arrancar la peluca
y enfrentar el silencio.

Porque vivir es caer una y otra vez
en la cuerda floja del tiempo,
sabiendo que el equilibrio
no está en el truco,
sino en la caída consciente.

**Hoy grito al mundo como el payaso, nadie me cree, no me toman enserió, creen que actuó en el circo. no hay tiempo, la catástrofe vendrá
y todo arderá. ** .

# MIRAR Y ANDAR

La vida sólo puede entenderse al mirar hacia atrás,
como un río que, al pasar,
nos deja ver su cauce en el cristal del tiempo.

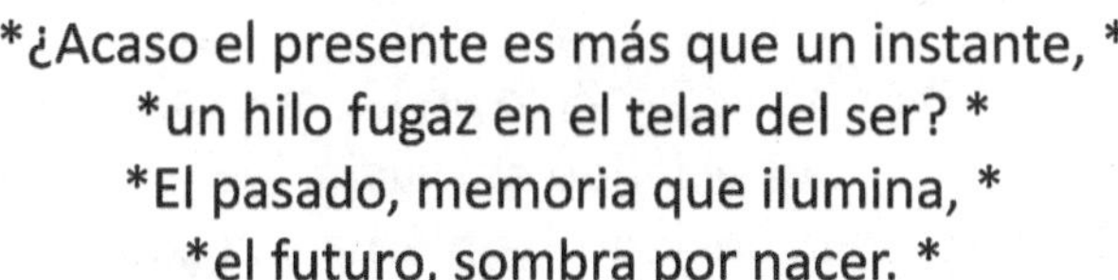

*¿Acaso el presente es más que un instante, *
*un hilo fugaz en el telar del ser? *
*El pasado, memoria que ilumina, *
*el futuro, sombra por nacer. *

Pero no hay quietud en el camino,
no hay pausa en el viento:
hay que vivirla hacia adelante,
con los ojos abiertos de nostalgia
y los pies descalzos de esperanza.

*Filósofo que buscas en la bruma, *
*¿no ves que el camino es la verdad? *
*No sólo en el dogma hay certidumbre, *
*sino en el andar, en la libertad. *

Cada paso es un misterio,
cada huella, un relámpago de sentido.
Y aunque el mapa se dibuja al volver la mirada,
el camino se hace al marchar.

*Preguntas: "¿Qué es vivir?", y la respuesta*
*late en la sangre, no en el pensar. *
*Ser es devenir, es contradicción, *
*es soltar amarras y zarpar. *

# LA INFINITUD

(según Giordano Bruno)

No hay centro, sólo vértigo: el universo abre sus fauces de luz y en su garganta arden mil soles que no pidieron ser el ombligo del mundo.

*Dios no es un viejo en las nubes, *
*es el latido del vacío, *
*la chispa que enciende la hierba y el cometa, *
*el mismo fuego en tu pupila y en el abismo. *

Los planetas son guijarros que ruedan en el río de lo eterno, y cada átomo guarda el mapa de
lo infinito.

*¿Qué es el hombre? *
*Polvo que piensa, estrella que se pregunta, *
*sombra que alcanza a rozar el manto de lo divino cuando rompe sus cadenas y mira sin miedo al horizonte sin orillas. *

La hoguera que te devoró, Bruno, no apagó tu voz: ahora hablas en el murmullo del viento, en la danza de los electrones, en el grito del mar que repite:
*"Todo está vivo. Todo es Uno."*

— *Tu verdad era demasiado grande para caber en una época que creyó poder encerrar el cielo en las jaulas de su miedo. *

# LAS PRUEBAS DEL CAMINO

Dios no pone en tus hombros el peso que no puedas llevar, sino la cruz que talla tu fe, la medida exacta de tu andar.

Cada prueba es un escalón, un peldaño hacia lo eterno: o subes, fortalecido en luz, o caes, vacío y taciturno.

No son castigos, son lecciones, forja divina del ser; el dolor que hoy te quiebra mañana hará nacer.

¿Te duele el camino? Agradece, pues es señal de que avanzas; Dios no prueba al que olvida, sino al que en Él confía y cree.

*Cuando la noche es más oscura*
*es cuando brilla la estrella, *
*y cuando el corazón se quiebra*
*es cuando Dios lo reconstruye en ella. *

Y si hoy la carga es pesada, recuerda, alma cansada: Él no prueba tu debilidad, sino la fuerza de tu fe.

*Porque tras el invierno duro*
*siempre retoña la semilla, *
*y el llanto que hoy siembras*
*será cosecha de rodillas. *

# LA FLOR DE MILL

En el jardín del hastío, donde el pensamiento
era frío, John Stuart Mill, filósofo sabio, perdió su
herrumbre de verano.

La razón, su gran espada, cortó el aire, mas no nada,
y en su pecho, una nevada de silencio y ansia helada.

Hasta que una flor pequeña, tal vez rosa, tal vez
sueño, abrió su pétalo tierno como una
luz en la breña.

No era lógica, ni ciencia, sino pura resistencia:
un susurro sin palabras, un temblor entre las ramas.

Y allí, en su aroma leve, el mundo volvió a
hacerse nuevo. No había tratado ni libro, solo el sol
sobre el rocío.

Así el sabio comprendió que la vida no es razón,
sino flor que en su balbuceo nos rescata del vacío.

**Epílogo**
Porque hay verdades que no explican los
grandes tratados ni las leyes: a veces, solo una flor
basta para recordar quiénes somos.

# EL ABRIGO DE MARX

Es solo un abrigo, pesado, gastado, hilado en la sombra de un taller helado. Lo cosió una mano que nunca lo usará, su hilo es el cansancio, su trama, el sudor. El obrero teje sueños que no son suyos, mientras el patrón cuenta su valor.

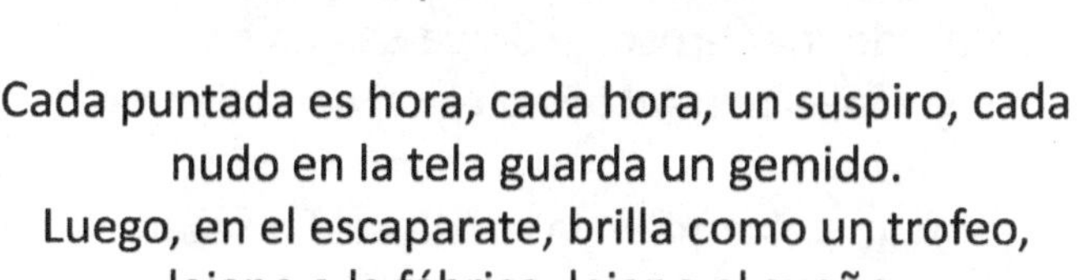

Cada puntada es hora, cada hora, un suspiro, cada nudo en la tela guarda un gemido.
Luego, en el escaparate, brilla como un trofeo, lejano a la fábrica, lejano al sueño.

Y alguien lo compra sin ver en su hebra la huella del hombre que nunca lo lleva. Es solo un abrigo, pero lleva escrita la historia callada del que no habita.

**Epílogo: La balanza rota**
El telar no descansa, la aguja no cesa, el obrero construye la riqueza ajena. Cada botón, cada hilo, cada corte perfecto, es un pedazo de vida vendido por precio de hambre.

Y mientras él sueña con pan y con techo, otro cuenta el oro que le arrebataron del pecho. El sistema no falla: está hecho a medida para que el sudor de uno sea la fiesta de otro.

Y así, siglo tras siglo, la rueda no para: el que labra la tierra no prueba la fruta. El que cose el abrigo tiembla en el invierno, Pero un día, quizás, la trama se rompa, y el fruto del trabajo vuelva a su sombra.

# ESCAPE

La gente arrastra su sombra, entre horas grises y
paredes angostas, con el peso de un reloj que no
perdona, y un futuro que se agrieta como costra.

Busca el bar, la botella, el humo, el abrazo fugaz de
un olvido mentiroso, —breve tregua en el pecho
vacío—, pero el alivio es sal en la herida:

sube un peldaño en la rueda del hámster, cree
escalar, y solo gira en la misma jaula. La noche repite
su moneda gastada, y el día llega con
su deuda intacta.

¿Qué filosofía sostiene el alma cuando el mundo es
un puño cerrado? No en el vértigo de los estímulos
rotos, sino en el lento ritual del café entre las manos,

en el libro que abre surcos en el silencio,
en el bosque que no pide nada, en la paz de
un umbral propio, —pequeña eternidad
sin dueño—.

Saber vivir es dejar de huir, es plantar el pie en el
presente, y beber, sí, pero solo el tiempo
que se desliza claro, como agua entre los dedos.

Y al fin, cuando la noche se derrumbe y el último
escape pierda su brillo, quizá encuentres, en vez de
otro espejismo, tu rostro limpio, mirándote sin
miedo desde el fondo del vaso vacío.

# EL ESPEJO Y EL ABISMO

Miro el abismo, quieto en su vacío,
y siento que su sombra me devuelve
el rostro oculto, el miedo que no nombro,
la grieta que en mi ser callada duele.

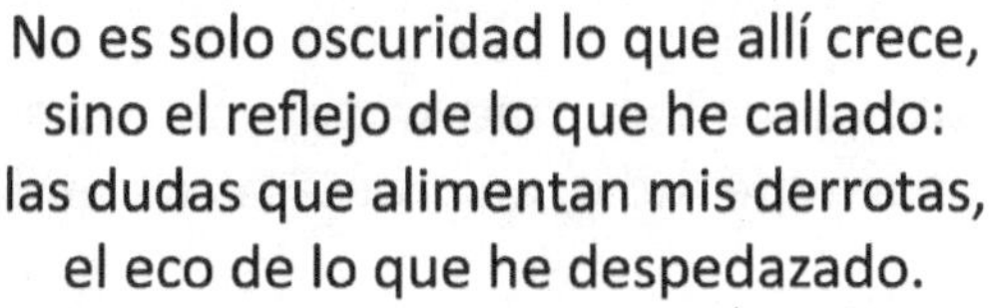

No es solo oscuridad lo que allí crece,
sino el reflejo de lo que he callado:
las dudas que alimentan mis derrotas,
el eco de lo que he despedazado.

El abismo no juzga, solo muestra,
como espejo cruel de mi tormento,
que al buscar en su fondo una respuesta,
solo encuentro mi propio pensamiento.

¿Quién soy, tras el cristal de lo que evito?
¿Sombra o luz, ¿verdad o laberinto?

Si huyo, me persigue su mirada;
si avanzo, en su negrura me desvanezco.
Nietzsche tenía razón: la lucha es doble,
pues lo que el abismo muestra... lo poseo.

**Y al fin, en el silencio que me habita, **
**descubro que el abismo... también habla. **

# LIBRE SIN LIBERTAD

Nace el ave enjaulada, sin recordar el viento,
mira la puerta abierta... y no conoce el cielo.

Así, en este mundo frío, jaulas de falsa calma,
corremos sin sentido, persiguiendo sombras.

Nos venden libertad en páginas vacías,
en voces de radio, en promesas mentidas.

Somos náufragos cansados, buscando en cada
esquina, sin ver que el camino comienza en la ruina.

de nuestros propios muros, de miedos
encadenados, de sueños oscuros, de
amores quebrantados.

Pero cuando al fin miras dentro de tu abismo,
cuando rompes espinas y apagas el egoísmo,

descubres que la llave no estaba en el destino,
sino en tu propia sangre, en tu latido vivo.

Y así, libre en la sombra de un mundo que esclaviza,
alzas luz en la noche para el que aún no mira.

Eres faro en la niebla, estrella en el olvido,
porque solo el que sabe ha roto su cautiverio.

**Libre sin libertad...** pero dueño del vuelo.

# EL CAMINO DEL CENTRO

Vivimos en los extremos, danzas de luces y sombras,
risas que queman, lágrimas que ahogan.

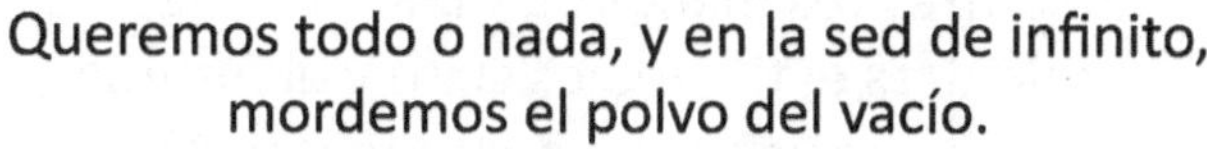

Queremos todo o nada, y en la sed de infinito,
mordemos el polvo del vacío.

Pero hay un punto quieto, un silencio entre ecos,
donde ni el fuego quema ni el hielo corta.

Es la senda del medio, el filo sereno, donde la vida
no pesa, pero tampoco vuela.

Ni el exceso que agota, ni el miedo que hiela,
solo el instante preciso, la paz que no grita.

Aquí no hay abismos, ni cumbres forzadas,
solo el latido justo de las cosas calladas.

—el arte de vivir sin romper el hilo,
ni tan alto que queme, ni tan bajo que olvide.

# REPARAR LA CASA CUANDO HACE SOL

Mientras la luz dorada besa el muro,
mientras tus manos guardan la firmeza,
mientras el tiempo es claro y el futuro
se deja acariciar con premura y certeza.

No esperes a que el viento gris golpee,
a que la madera cruja en el olvido,
mientras la vida en risas se disipe
y el invierno te encuentre desprovisto.

Los días fáciles se van en nada:
en humo de placer, en flor marchita.
Mas quien labró su techo al alba temprana,
verá la lluvia y no temblará en su cita.

El sabio sabe: la tormenta llega,
pero su café humea entre la nieve.

**Mientras otros maldicen la escarcha fría,
él sonríe, pues su casa aún está en pie ese día. **

# HONESTIDAD Y ÉTICA

La honestidad no brilla en la abundancia,
ni en los labios que juran bajo el sol.
Se prueba en la oscura resistencia,
cuando el hambre reclama su pan y el dolor.

Cuando la tentación muestra su engaño,
y lo ajeno parece ser tu botín,
cuando el amor prohibido es un extraño
que golpea a tu puerta en pleno jardín.

No es en la opulencia, no es en la calma,
donde se forja el temple del ser.
Es cuando la necesidad es un alma
que te susurra: *"Nadie ha de ver..."*

Y, aun así, frente al vacío y el frío,
tus ojos y el cielo son testigos.
El justo no espera aplauso ni brío,
solo sabe que el fango no es abrigo.

Ni Diógenes, con su lámpara ardiente,
hallaría un hombre sin mancha en la tierra.
Pero hay luces que cruzan la niebla impaciente,
almas que no se doblan, éticas de guerra.

Son el tesoro que el mundo no nombra,
los que guardan su honor en silencio.
Son la semilla que rompe la sombra,
el fuego que no se apaga en el viento.

# IV

# "CAMINO Y ETERNIDAD"

## VERSOS DEL SER Y EL DESTINO

# EL DESEO A MI ALMA

Alma mía, sólo un anhelo urgente:
que seas amor eterno en mi ventana,
la luna que platea mi mañana,
la flor que incendie mi verso en la frente.

Que seas el rocío en mi tormento
cuando la noche parta mi esperanza,
tu voz, la melodía que no cansa,
el surco donde siembre mi lamento.

Mueve mi mano cuando el verso nace,
que en cada línea late tu latido,
y en tinta carmesí, el alma trace
lo que el amor no ha dicho ni escondido.

Úneme al vuelo de los poetas puros,
a su danza de estrellas y sus muros,
pero sin caer en vano lirismo:
que mi palabra sea sincerísimo,
un raudal de verdad entre lo oscuro.

Y si mi espíritu llega a quebrarse,
¡oh Alma mía!, no dejes apagarme:
enciéndeme en tu fuego peregrino,
que hasta la aurora escriba tu destino.
Mañana, al despertar el sol dorado,
quiero leer en verso iluminado
lo que tu mano escribió en mi camino.

# MI DIVINA POESÍA

Musa que enciendes el fuego callado de mi alma,
convirtiendo en canciones el silencio que me habla,
confieso que eres luz, eres paz, eres calma, y al
nombrarte, el corazón no tituba ni balbucea.

Hasta el cielo se inclina para escuchar tu risa,
el sol teje versos con hilos de aurora,
la luna, celosa, en el mar se desliza
y el viento susurra tu nombre a esta hora.

Eres voz en el verso, eres ritmo en el sueño,
la que alivia el dolor con dulzura de trino,
la que vuelve ligero el más pesado leño
y convierte el llanto en cristal matutino.

Cuando Dios moldeó al hombre con barro y destino,
te tejió de suspiros, de estrellas y espuma, porque
sin ti el mundo sería un camino
sin flores, sin luces... solo noche y bruma.

Adán no escribió poemas, ¡los besó en la piel de
Eva!, los cantó con la savia, el rocío, el trigal.
No usó pluma ni tinta: su amor fue una prueba
de que el verso más puro late en lo natural.

Dicen que ya no hay poetas... ¡mentira necia y vana!
Mientras exista el rocío, el amor, la armonía, tú,
musa inmortal, seguirás siendo hermana
de la luz, de la sangre, de la eterna poesía.

**—Para ti, eterna inspiración. **

# HUMILDE OFRENDA A LOS VERSOS INMORTALES

Arrodillado ante el eco de vuestras voces sagradas, oh espíritus de tinta, sombras de lumbre eterna, aceptad este tributo: mis manos desnudas, mis pies polvorientos y esta alma incierta.

No traigo laureles, ni coronas de oro,
solo un corazón que balbucea al cantar.
Soy peregrino de un humilde decoro,
aprendiz del viento que os sabe escuchar.

Mis versos —niños torpes de risa temblona—
gatean hacia el brillo de vuestra canción.
No ambiciono el brillo de vuestra corona,
solo ser hierba bajo vuestra constelación.

Si alguna palabra que brote de mi lira
roza, aunque sea leve, vuestro manto de luz,
que sea un suspiro, una chispa que admira,
un "gracias" en sombra, hecho de cruz.

Porque sois los dueños del fuego antiguo,
los que habláis con dioses en lengua de sol.
Yo solo repito, con murmullo amigo,
lo que el alma me dicta:
**"Aquí estoy... ¡perdón!"**.

**—A los poetas que habitan el viento. **

# GRAMOS DE AMOR

Amar no es un refugio, es una tormenta de fuego.
Para amar de verdad hay que arder sin miedo, hay
que dejar que la piel se vuelva ceniza y el alma se
reconstruya desde dentro.

No se puede tocar la miel sin probar el filo
de la herida.

No se puede amar si uno se esconde tras el muro del
ego, la máscara del control, la trampa
de la dependencia.

El que se quiebra por una palabra, por una sospecha,
por un silencio, no está amando, está esperando ser
salvado.

Pero el amor no salva. El amor exige.
Te mira a los ojos y te pregunta:
¿te atreves a quemarte?
Quien ama, se lanza al fuego.
Y en ese incendio, todo lo que es débil,
todo lo que es miedo, todo lo que no sirve,
arde. Desaparece.

Y lo que queda, es fuerza. Es verdad.
Es amor sin medida.
Gramos de amor, que pesan como universos.

# INICIO AL CAMINO DEL SER

Ouspensky cruzó fronteras, desde Rusia hasta Irán,
siguiendo un susurro interno, un llamado.

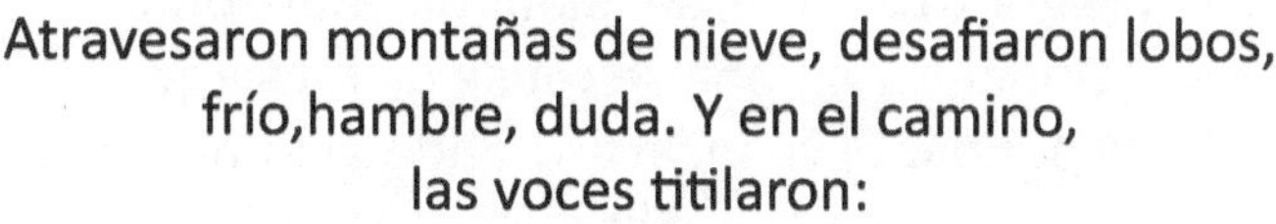

Atravesaron montañas de nieve, desafiaron lobos,
frío,hambre, duda. Y en el camino,
las voces titilaron:
"¿Qué ganamos con esta aventura?"
Pero el camino al Ser no se toma por atajos,
no se compra con monedas.

Al llegar, una casa vacía.
Una prueba. Un espejo sin respuestas.
Muchos gritaron: “¿Esto es todo?”
Y se fueron con su enojo. Sólo quedaron los sinceros,
los que no buscaban oro, sólo verdad.

El Maestro no habló de gloria.
Habló de tormenta, de mirar hacia dentro,
de enfrentarse al miedo, a la comodidad
que adormece.

El Ser no regala el cielo. No hay premio sin fuego.
Sólo quien sube la montaña, paso a paso, con fe,
encuentra lo que busca.

Y si llegas, si no huyes, el Ser te espera en la cima: no
con coronas, sino con silencio,
con paz, con verdad.

# LO INFINITO ATRAPADO EN UN LIBRO

—*Maestro, ¿dónde termina el cielo? *—
preguntó el niño, señalando el horizonte.
—*Donde tu mirada se canse de buscarlo*—
respondió el viejo, acariciando el lomo de
un libro.

—*Pero aquí dice que el mundo tiene fin*—
murmuró el niño, tocando las páginas con duda.
El maestro río suave, como el viento:
—*Las palabras son redes,
pero el mar es demasiado grande. *

*Un libro puede guardar silencios,
pero no detiene el vuelo de las aves.
Puede nombrar la luz,
pero no apaga las estrellas. *

*El infinito no cabe en tinta ni en números,
se escapa entre los renglones,
se esconde en los márgenes,
y cuando cierras las páginas,
sigue latiendo,
como un corazón que no conoce su
último latido. *

—*Entonces, ¿para qué sirven los libros? *—
El sabio cerró los ojos:
—*Son faros, no cadenas.
Te muestran el camino,
pero el mar...
el mar siempre será más profundo. *

# EL RAYO Y LA SOPHIA

Yo era un lago en quietud,
sin viento, sin voz,
solo el cielo y su luz
besando mi faz.

De pronto, el trueno:
una noticia un dolor,
y el cristal de mi alma
se rompió en mil temblores.

Galoparon los miedos,
ardiendo en mi pecho,
y la sangre gritaba
en rojos fulgores.

Pero entonces...
una brisa,
un susurro divino:
*"¿Por qué te ahogas
si el problema es aire?
Si no tiene remedio,
¿para qué luchar?
Y si lo tiene,
¿por qué no confiar?"*

¡Oh, Sophia eterna, sabia y serena!
Más alta que el llanto,
más fuerte que el rayo,
tu luz es el puente
entre el caos y el halo.

# EL BOSQUE Y EL SILENCIO

El bosque no calla, solo espera,
con ramas que escriben secretos en el aire.
No hay prisa en la sombra que besa la tierra,
ni en el río que piensa su canto despacio.

Él llegó con muchas preguntas,
y el viento le dio respuestas de silencio.
No eran hojas, ni truenos, ni nombres,
solo el latido del mundo cuando se
escucha a sí mismo.

¿Qué es la sabiduría?, preguntó la mente.
Y el musgo respondió con su verde paciencia:
*"Es el instante en que el ruido se hace ausencia, y
el alma, al fin, recuerda que es bosque también."*

No hay que escalar montañas para tocar el cielo, ni
cruzar mares para hallar el reflejo.
La verdad anida en el hueco del roble,
donde el tiempo se quita la máscara y descansa.

Así habla la naturaleza: sin palabras,
con raíces que trazan mapas invisibles.
El que busca afuera solo encuentra espejos rotos; el
que enmudece, descubre que el alma es un árbol.

—*Caminante, si vas al bosque,
no lleves más equipaje que tu propio vacío.
Porque la luz que buscas ya vive en tu corteza,
y el silencio no enseña... solo revela. *

# LAS PLAÑIDERAS DIVINAS

Isis y Neftis, milanos en vuelo,
lloran a Osiris con desgarro y duelo.
Blancos linos, pecho al viento,
ceniza y llanto, falso lamento.

Por monedas, el dolor prestado,
viudos callan, el llanto es pagado.
Hijas aprenden el viejo quejido:
lágrimas de oficio, dolor fingido.

Gritos al cielo, palmas en tierra,
el cortejo avanza, la pena se encierra.
Cabellos sueltos, golpes al pecho,
cánticos rotos, murmullos hechos.

"Sed para el muerto, sombra en la tumba",
voces que rasgan la noche umbría.
Nadie las llora cuando sucumben,
solo Hathor guarda su melodía.

De madre a hija, el oficio pasa,
como un suspiro que el viento arrastra.
Profesión antigua, llanto sin lástima:
arte divino de lágrima astuta.

# ORQUÍDEA

En el jardín de los suspiros,
bajo el manto de la luna,
la orquídea abre su misterio
como una promesa en la bruma.

Sus pétalos son de seda,
tímidos, casi sin aliento,
guardando en su centro frágil
el secreto de un momento.

No es flor que busque el rocío
ni el sol que quema y despierta,
prefiere el beso del vago,
la sombra fresca y abierta.

Es reina sin corona,
dama de aires sutiles,
y en su fragilidad misma
esconde sueños fértiles.

Quien la mira, queda preso
de su elegancia callada,
pues la orquídea no se entrega...
solo se deja adivinar.

# EL TEATRO DE LA VIDA

El mundo es un escenario,
dijo Shakespeare con verdad,
y en su lienzo amplio y sabio
cada alma es voluntad.

Nacemos entre aplausos,
lágrimas de emoción,
y el primer acto, ansioso,
nos reclama el corazón.

Luego viene la risa, el amor, el temblor,
cuando el joven se agiganta
bajo el peso del amor.

Más tarde, el guerrero avanza
con su espada y su razón,
mientras el tiempo danza
en muda procesión.

Y al final, cansado el paso, sin fuerzas para huir,
el actor busca el ocaso
y se deja extinguir.

Pero el teatro no termina,
la función ha de seguir,
pues la vida es una esquina
donde otros han de reír.

Así, en este gran coliseo de gozos y dolor, todos
somos el deseo, el eco de una canción,
Y el asme reír.

# AMAR A LO GITANO

Bajo la luna, fuego y viento,
se alza un canto, libre y violento.
No hay cadenas que lo aten,
ni sombra que lo doblegue.

Es pasión que quema el pecho,
como vino viejo y derecho.
Fiel como el sol a su camino,
protector como el roble al espino.

No pide permiso, no teme al ruido,
es bravo y tierno, dulce y atrevido.
Si el mundo entero se le opone,
él salta la hoguera y no se esconde.

Admira la fuerza, honra el valor,
en cada beso en cada amor.
No hay promesa más sagrada
que la sangre enamorada.

Gitano es el alma que ama sin miedo,
Libre que rompe fronteras, que no lleva freno.
Si me quieres, que sea completo:
ardiente, eterno... y gitano, como este verso.

# AMOR VUDÚ

Erzulie tiende su manto rojo,
seda y espinas bajo el espejo.
Su risa es miel, su mirada es fuego,
y en su altar arde el deseo.

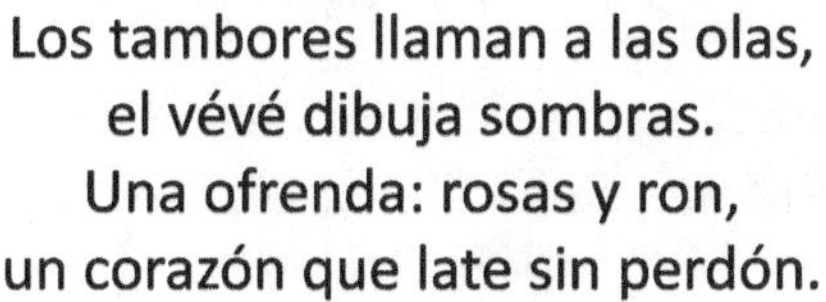

Los tambores llaman a las olas,
el vévé dibuja sombras.
Una ofrenda: rosas y ron,
un corazón que late sin perdón.

La muñeca lleva tu nombre,
anudado con hilo rojo en el polvo.
No es maldición, es amar fuerte,
como el rayo que parte la suerte.

Bailan las llamas, humo azul,
el amor no pide, el amor da.
Si me besas, que sea con hechizo,
que Erzulie guarde nuestro ritmo.

— *Bajo la luna de Nueva Orleans,
donde el amor no muere... solo duele. *

# EL CAMINO DEL TAO

Fluye como el río, sin forzar su cauce,
sin gritar al viento, sin romper el aire.

El Tao es silencio, es la huella leve,
el paso que no marca, la sombra que se aleja.

No busques, no ates, no acumules ruido.
La verdad es sencilla: es agua en reposo,
espejo del cielo.

El Wu Wei te guía: no luchar, no imponer,
dejar que la vida te lleve y te mueva
como hoja en el viento.

Humilde es el sabio, no alza su nombre,
no clama victorias.
Su fuerza es callada, como raíz honda
que nutre en secreto.

Conócete, acéptate, sé barro y montaña,
sé lluvia y sequía, ama sin medida, agradece el
instante, no temas al cambio.
El Tao es eterno, y quien lo comprende
no habla, solo *es*.

# PIES DESCALZOS

Conozco un alma suave como el pétalo de una rosa,
y firme como la raíz del roble.
Camina descalza sobre piedras filudas, que cortan
como memorias no dichas.

Espinas la han marcado —no en la piel, sino
en la historia.

Sus pies, sin ornamento ni vanidad, cargan
la dignidad de mil batallas.
¿castigo o destino?.

No son bellos, dice el espejo, pero son de guerrera,
dice el camino, Los zapatos, al mirarlos, inclinan su
forma en señal de respeto, y les brindan perfumes
antiguos: incienso,
sándalo y consuelo.

Existen héroes sin nombre, sin aplausos, sin estatuas
bajo el sol. Son los que luchan en
silencio, como el ermitaño que guarda su
sabiduría en el filo del recuerdo
y en la costura de una cicatriz.

Pies desnudos que cruzaron veredas olvidadas,
caminos de barro en Sincuyapa dejando huellas que
el viento no borra y el tiempo no niega.
Si alguna vez te calzas esos zapatos, que al hacerlo,
te reconozcan: como uno que caminó el sendero de
la vida con el alma entera descalza y dejó
su huella eterna.

# OJOS DE ANHELOS

Mañana quisiera abrir los ojos
y encontrar que el mundo,
ese sueño de sombras,
fue solo un eco de la nada,
un mal recuerdo que se desvanece
como humo entre los dedos.

Quiero romper esta tela de araña,
esta luz que no alumbra,
este falso amanecer
que me ahoga en sus redes.
Quiero sacudirme el polvo de los sueños rotos
y nacer de nuevo,
desnudo, limpio,
como la primera gota de rocío.

Quiero un mundo sin cadenas,
sin monedas por el aire,
sin hambre en los estómagos,
sin miedo en las miradas.
Donde el agua sea un río compartido,
donde las manos no se cierren,
donde los abrazos no tengan dueño.

Pero hoy solo queda este deseo,
esta esperanza frágil que se aferra a la noche,
rezando que el sol siguiente traiga algo distinto:
un día que no duela,
un alma que no sangre,
una vida que, por fin,
no sea un sueño sufrido.

# EL PESO DEL ORO

En el cuarto círculo, donde el eco gime,
Pluto vigila con rostro de lobo,
su voz es el crujir de monedas frías,
su reino, un infierno de lodo y oro.

Los condenados empujan sus rocas,
pesadas como culpas, brillantes como sueños,
rodando sin fin por la misma hondonada,
maldiciendo el metal que amaron en vida.

Avaro y pródigo, dos caras del mismo pecado,
uno atesora el polvo, el otro lo esparce al viento,
pero ambos yacen aquí, condenados al suplicio,
a chocar, a rodar, a repetir el tormento.

No hay palabras para ellos, solo el peso,
el círculo estrecho de su ambición,
el oro que fue dios y ahora es cadena,
la fábrica oscura de su propia perdición.

Pluto ríe entre sombras,
su risa es el tintineo de un falso tesoro,
porque sabe que el infierno no está en el fuego,
sino en seguir deseando...
cuando ya no queda nada.

# LA MANZANA Y EL ASOMBRO

Bajo el árbol, quieto el aire,
una manzana en su caer.
No fue el golpe, fue el mirar,
la pregunta sin contestar.

¿Por qué hacia abajo y no al revés?
¿Qué fuerza oculta mueve el pie
de los planetas en su danza,
la Luna en su órbita fiel?

No hubo choque, solo asombro,
curiosidad en el jardín.
Una fruta que, al rodar,
abrió las puertas al confín.

Newton no sintió el dolor
de un impacto repentino,
sino el peso de un enigma:
el invisible camino.

La gravedad, ley universal,
nació de un fruto al declinar.
No fue la manzana en su cabeza,
sino su mente al volar.

Así la verdad a veces llega
sin estruendo, sin clamor,
en el susurro de un momento
en la quietud de una flor.

# LA PIEDRA Y SU MISTERIO

Era una piedra tosca, dura, sin nombre,
un mármol desgastado por el tiempo y el viento,
un rostro sin forma, un cuerpo incierto,
que yacía olvidado en el polvo de un taller.

Los artesanos pasaban con mirada cansada,
la llamaban "defecto", "fracaso", "nada",
pero Leonardo, el soñador de manos de aurora,
vio en su silencio un relincho de oro.

—*Aquí late un caballo*— murmuró el maestro,
y sus dedos trazaron el sueño en el aire:
los músculos tensos, la crin al viento,
el salto eterno que nadie veía.

La piedra no era piedra, era un potro dormido,
era el galope oculto bajo la corteza,
era la belleza que aguarda paciente
a que un loco la nombre y la liberte.

Y aunque el mármol quedó sin pulir su destino,
aunque el tiempo robó aquella escultura,
nos dejó la lección más pura del arte:
**ver en lo imperfecto la obra perfecta**.

# FRAGMENTOS DE LO QUE AMÉ

Entregué todo, ahora queda nada:
amor, afecto, cariño, deseos, mi alma entera, parte
de mí. Lo di sin condiciones, y hoy solo es espejo
roto contra el piso.

Mi alma sangra recuerdos, apuestas que fueron
futuros soñados, Promesas con tinta de sangre.
Todo cayó en mar revuelto, aguas que sangran dolor,
frustración que no se borra.

Amor, cariño, querer... ahora son balas de muerte,
terror del que mi corazón huye. Busca refugio en el
silencio, pero solo escucha
respuestas mudas.

Mi corazón es piedra ahora, sin emociones, sin
latidos, cementerio de nubes grises que miran lo que
fue, lo que pudo ser... y no fue.

Y ese amor, mi amor, mi dulce amor, rueda en el
suelo del recuerdo, polvo que el viento borró, lluvia
que ya no nombra lo que un día juró ser eterno.

No te odio... pero no te pienso.
¿La mente habla rápido como el viento,
El corazón siente con paso lento?.
Solo guardo lo que sangra, lo que el tiempo no ha
curado, lo que el viento se llevó
y ni siquiera extraña.

# EL VIOLÍN DEL DIABLO

En la penumbra de la noche, donde el viento susurra
secretos, Paganini alza su arco, y el infierno tiembla
en sus dedos.

Su madre soñó un ángel, una promesa de gloria y
luz, pero el precio del genio lo firmó
con tinta de cruz.

El diablo le dio las cuerdas, las notas que queman el
aire, un violín que llora y ríe,
**Il Cannone**, su altar mortal.

Testigos juraron verlo: sombra de capa y sonrisa
torcida, guiando su mano en el escenario,
mientras la música ardía.

Pálido, huesos de sombra, dedos que estiran el
tiempo, ¿era acaso el síndrome de Marfan
o el sello de un pacto eterno?

Nadie supo la verdad, solo el eco de sus notas,
que rasgan el alma aún hoy, como un lamento que
nunca se agota.

Paganini, leyenda o demonio, tu música vive en el
abismo, porque el arte que nace del fuego
nunca se apaga... **es eterno mismo**.

# SIETE LLAMAS

Fuego que incendia mis venas,
potro salvaje llamado **YO**,
siete llamas cabalgando
en mi sangre sin perdón.

El cuerpo lleva ronzal,
látigo de voluntad
doma el paso, finge calma,
pero por dentro galopa libre
como tormenta sin alma.

Ardo por dentro como hoja seca,
como río que rompe el dique,
mis manos—frágiles piedras—
intentan contener el vértigo.

Mefistófeles ríe en mi sombra,
monstruo de siete caras,
mientras golpeo como gota
que perfora la roca impasible.

Atrapo el río en mis grietas,
guardo el anhelo de un día
**domar este caballo de llamas**
y montarlo hacia la aurora.

Que quede en cenizas el tiempo,
y una lápida diga al viento:
*"Aquí yace el que osó herir al
Guerrero del Cristo ...*
*y al fin, se hizo leyenda en su propio infierno."*

# CONTRADICCIONES

Dices que amas la lluvia,
pero te escondes bajo el paraguas,
y cuando el cielo te moja,
tu risa se ahoga en el silencio.

Dices que amas el sol,
Y buscas la sombra del árbol,
y cuando quema la verdad,
tu amor se vuelve sombra.

Dices que amas el viento,
pero niegas sus caminos,
Si descompone tu pelo,
Truenas como el rayo.

Dices que me amas,
pero tu boca es niebla,
y cuando abres las manos,
solo guardas cenizas.

¿Cómo creer en tu fuego
si apagas las llamas?
¿Cómo besar tu voz
si muerdes las palabras?
¿Cómo enfrentar este clima
de amor si te escondes en tu disfraz?

# APLAUSOS DE SOMBRA

Cuando se aplaude la mentira,
la verdad aguarda sigilosa
en el silencio de la noche.

La mentira, fanfarrona y petulante,
viste su farsa con perfume de cenizas,
máscaras de cartón, castillos de arena
que el viento deshace en un suspiro.

Aguas negras, sal que no calma la sed,
solo ahoga en su desierto frío.

La verdad es luz que rompe la oscuridad,
sencilla, humilde, de belleza pura.
Se esconde entre las flores,
y en su jardín bailan libres
los pájaros y las mariposas.

Solo aplaude la mentira
quien lleva dentro la oscuridad,
quien huye de un rayo de luz
y se vuelve ciego ante el sol de la Verdad.

# FINAL DEL CAMINO

Al final de este sendero, solo quedan mis pisadas,
pedazos de sueños rotos, esparcidos en la nada.
Cada batalla librada, una puntada en mi manto, cada
herida callada, un susurro
de quebranto.

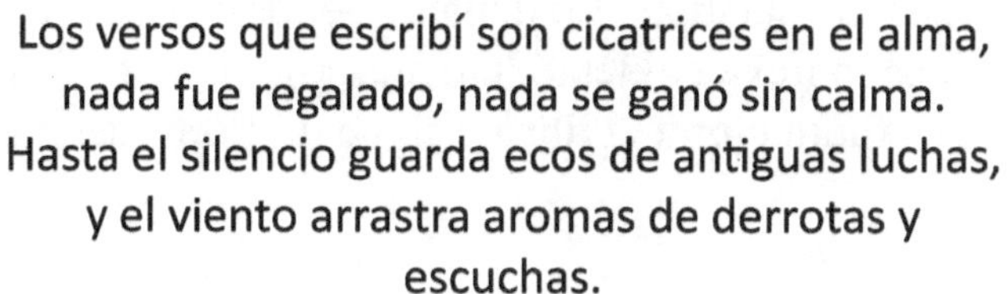

Los versos que escribí son cicatrices en el alma,
nada fue regalado, nada se ganó sin calma.
Hasta el silencio guarda ecos de antiguas luchas,
y el viento arrastra aromas de derrotas y
escuchas.

Al llegar al final, no hay nadie en la plaza,
solo sombras y polvo, ni aplausos ni gracia.
Guerrero fatigado, me apoyo en mi espada,
mientras contemplo el vacío de una hazaña callada.

En la quietud, busco respuestas verdaderas:
la hoja abrió caminos, mis versos son huellas.
Que ni el tiempo ni la lluvia logren borrarlas,
que la noche las guarde como estrellas claras.

Aquí termina el viaje, se cierra esta tercera historia,
que los dioses atestigüen mi paso en la gloria. Que el
cielo infinito y su manto estrellado
iluminen el rumbo de lo que he dejado.

**Fin del camino. **

# EPÍLOGO

*"Quedan las palabras. Lo demás —el dolor, la risa, la duda— se lo lleva el viento. Gracias por caminar estas páginas. Ahora cierra el libro y sigue tu propia senda."*

# MENSAJE FINAL

*"La poesía no salva, pero acompaña. Que estos versos sean faros o sombras en tu noche."*

"Fragmentos de lo que amé"

*"Este libro es un ataúd
de cristal.

Aquí yacen, intactos,
los pedazos de todo lo que amé
—y que un día,
como flores marchitas o versos
olvidados, tuve que dejar ir.*

*No es un duelo, es un relicario.
No es una despedida, es un
modo de permanecer.
Cada fragmento guardado en
estas páginas fue, en su
momento, el latido más fuerte
de mi alma.*

*Si hojeas este libro y recono-
ces algo,  si alguna línea te
quema o te nombra,
es porque lo que amé
—y lo que perdí—
también fue tuyo."*

POEMARIO

"Fragmentos de lo que amé" es un viaje lírico a través de los laberintos del amor, el miedo, la filosofía y la trascendencia.

Desde el mito de Tántalo hasta el silencio del Tao, cada poema es un destello que ilumina —o oscurece— el camino del ser. Una obra donde la poesía se convierte en espejo, espada y abrazo.

JOSÉ LUIS CUBAS CASTRO

www.ingramcontent.com/pod-product-compliance
Lightning Source LLC
LaVergne TN
LVHW101946220826
846093LV00006B/121